The Undutchables

Colin White en Laurie Boucke

The Undutchables
Leven in Holland

Nijgh & Van Ditmar, Amsterdam 1994

The Undutchables

Eerste druk september 1990
Tweede druk januari 1991
Derde druk maart 1991
Vierde druk mei 1991
Vijfde, uitgebreide en herziene druk oktober 1991
Zesde druk november 1991
Zevende druk januari 1992
Achtste druk mei 1992
Negende druk oktober 1992
Tiende, geheel herziene en uitgebreide druk april 1993
Elfde druk augustus 1993
Twaalfde druk november 1993
Dertiende druk april 1994

Oorspronkelijke titel *The Undutchables. An observation of the Netherlands: its culture and its inhabitants*
© Colin White & Laurie Boucke 1989/1991
© Nederlandse vertaling Justus van Oel / Nijgh & Van Ditmar 1990/1991; Paul Heijman / Nijgh & Van Ditmar 1993
Omslag, typografie en illustraties Studio Tint, Huug Schipper
NUGI 352/482 / ISBN 90 388 8422 2 / CIP

Voorwoord *bij de herziene druk*

Deze editie van *The Undutchables* is grondig herzien en aanzienlijk uitgebreid. Dat is vooral te danken aan de opmerkingen van lezers en vrienden van over de hele wereld, mensen van allerlei nationaliteiten.

In dit boek wordt een impressionistische kijk gegeven op bepaalde kanten van de Nederlanders die buitenlanders nogal eens in het oog springen. Duizenden lezers hebben ervan zitten smullen, en daar ging het uiteindelijk om.

Het is geen droog, wetenschappelijk werk, en ook niet alle provincies, steden, gewoonten en aspecten van het leven komen erin aan bod: dergelijke informatie kunt u elders vinden. We hebben ook niet naar zo'n aanpak gestreefd, omdat daarmee het luchtige karakter van het boekje zou zijn gesmoord.

Misschien zijn er lezers die zich ergeren aan wat zij als stereotypen beschouwen, maar iedereen die buitenlandse reizen maakt of in het buitenland woont, vormt zich nu eenmaal van die clichébeelden. Gelukkig konden de meeste lezers de humor en de overdrijvingen wel accepteren en voelden ze zich niet op hun tenen getrapt.

Hoewel het boek natuurlijk voornamelijk over de moderne Nederlander gaat, zijn bepaalde nationale trekjes niet van vandaag of gisteren. Al in de zestiende eeuw werden ze in de literatuur door buitenlanders aan de orde gesteld, en wij geloven dat de Nederlanders ook in de verre toekomst nog beroemd zullen zijn om kenmerkende eigenschappen die ze al eeuwen bezitten.

Zo vertoont het boek ook nogal een voorkeur voor het grote-stadsgebeuren. Wie naar het Nederlandse platteland trekt, komt daar echter veel van hetzelfde tegen, zij het wellicht in een vreedzamer omgeving of een lager tempo: gezellig ingerichte huizen, koffierituelen, aanbidding van de gulden, gezedepreek, gekanker, ongezonde belangstelling voor het weer, zakelijke geslepenheid en ga zo maar door.

Er is een heel nieuw hoofdstuk gewijd aan Nederlanders in den vreemde. De voormalige koloniën en vijf andere landen waar veel Nederlanders (en hun nakroost) op een kluitje zitten, worden onder de loep genomen. De onderwerpen zijn: een beknopte geschiedschrijving, gedragspatronen, het succes van Nederlanders in den vreemde en hun kijk op het moederland na vele jaren in het buitenland. Ook hier is de toon, om voor de hand liggende redenen, heel algemeen gehouden.

We willen deze inleiding afsluiten met het bedanken van allen die ons ideeën, suggesties en anekdotes aan de hand hebben gedaan. Daarbij dienen Brendan Bartram, Eva Goetschel, Jackie Lubeck, Wim Stortenbeek, Jaap Vossestein en Walter Wynbelt in het bijzonder te worden vermeld.

Colin White en Laurie Boucke
januari 1993

Voorwoord bij de tiende druk

Deze tiende druk van *The Undutchables* is grondig herzien en aanzienlijk uitgebreid. Dat is vooral te danken aan de opmerkingen van lezers en vrienden van over de hele wereld, mensen van allerlei nationaliteiten.

In dit boek wordt een impressionistische kijk gegeven op bepaalde kanten van de Nederlanders die buitenlanders nogal eens in het oog springen. Duizenden lezers hebben ervan zitten smullen, en daar ging het uiteindelijk om.

Het is geen droog, wetenschappelijk werk, en ook niet alle provincies, steden, gewoonten en aspecten van het leven komen erin aan bod: dergelijke informatie kunt u elders vinden. We hebben ook niet naar zo'n aanpak gestreefd, omdat daarmee het luchtige karakter van het boekje zou zijn gesmoord.

Misschien zijn er lezers die zich ergeren aan wat zij als stereotypen beschouwen, maar iedereen die buitenlandse reizen maakt of in het buitenland woont, vormt zich nu eenmaal van die clichébeelden. Gelukkig konden de meeste lezers de humor en de overdrijvingen wel accepteren en voelden ze zich niet op hun tenen getrapt.

Hoewel het boek natuurlijk voornamelijk over de moderne Nederlander gaat, zijn bepaalde nationale trekjes niet van vandaag of gisteren. Al in de zestiende eeuw werden ze in de literatuur door buitenlanders aan de orde gesteld, en wij geloven dat de Nederlanders ook in de verre toekomst nog beroemd zullen zijn om kenmerkende eigenschappen die ze al eeuwen bezitten.

Zo vertoont het boek ook nogal een voorkeur voor het grote-stadsgebeuren. Wie naar het Nederlandse platteland trekt, komt daar echter veel van hetzelfde tegen, zij het wellicht in een vreedzamer omgeving of een lager tempo: gezellig ingerichte huizen, koffierituelen, aanbidding van de gulden, gezedepreek, gekanker, ongezonde belangstelling voor het weer, zakelijke geslepenheid en ga zo maar door.

Er is een heel nieuw hoofdstuk gewijd aan Nederlanders in den vreemde. De voormalige koloniën en vijf andere landen waar veel Nederlanders (en hun nakroost) op een kluitje zitten, worden onder de loep genomen. De onderwerpen zijn: een beknopte geschiedschrijving, gedragspatronen, het succes van Nederlanders in den vreemde en hun kijk op het moederland na vele jaren in het buitenland. Ook hier is de toon, om voor de hand liggende redenen, heel algemeen gehouden.

We willen deze inleiding afsluiten met het bedanken van allen die ons ideeën, suggesties en anekdotes aan de hand hebben gedaan. Daarbij dienen Brendan Bartram, Eva Goetschel, Jackie Lubeck, Wim Stortenbeek, Jaap Vossestein en Walter Wynbelt in het bijzonder te worden vermeld.

Colin White en Laurie Boucke
januari 1993

Inhoud

Hoofdstuk 1
Inleiding: zoals de studieboeken het voorstellen

WAAR?

Een Westeuropees land, meestal Holland genoemd, gelegen aan de Noordzee, met aan de zuidgrens België en Duitsland aan de oostkant. Officiële taal: Nederlands. Hoofdstad: Amsterdam. Regeringscentrum: Den Haag. Bevolking (1992): 15,25 miljoen.

Het gebied werd bewoond door Kelten en Friezen, kwam van de eerste tot en met de vierde eeuw na Christus onder Romeins gezag, en werd daarna onder de voet gelopen door Germaanse stammen. Van de vijfde tot de achtste eeuw waren de Franken er de baas. In de middeleeuwen viel het gebied uiteen in talloze koninkrijkjes. In de zestiende eeuw kwam het Noorden (Holland), een deel van het Habsburgse Rijk, in opstand tegen de Spaanse pogingen het protestantisme te vernietigen. Na een lange reeks oorlogen, tot in de zeventiende eeuw, werd het Noorden een onafhankelijke, protestantse republiek. Het zuidelijke deel werd geannexeerd door de Spaanse Habsburgers, en daarna (1713) door de Oostenrijkse. Vóór de oorlogen met Engeland en Frankrijk was het Noorden zeer welvarend, een centrum van kunst en wetenschap en een toonaangevende zeemacht, die een uitgestrekt handelsimperium opbouwde in Oost-Indië, Zuid-Afrika en Brazilië. In de achttiende eeuw kwam de neergang als Europese mogendheid. In 1814 werden het Zuiden en het Noorden verenigd, maar het Zuiden rebelleerde en werd in 1830 een zelfstandig koninkrijk. Luxemburg werd in 1867 onafhankelijk. Tijdens de Eerste Wereldoorlog wisten de Nederlanders neutraal te blijven, maar in de Tweede Wereldoorlog werden ze bezet door de Duitsers. Na de oorlog schudde het land zijn traditionele afhankelijkheid van de landbouw af, hoewel deze nog steeds een belangrijk deel van de economie uitmaakt. In 1960 bleek Noord-Nederland op een reusachtige gasbel te liggen die zoveel geld opbrengt, dat de Nederlanders hun land tot een 'superverzorgingsstaat' hebben weten om te bouwen die een hoofdrol speelt in het nieuwe Verenigde Europa.*

* (Noot: de schrijvers danken The Oxford Reference Dictionary, 1986, voor de gegevens in dit hoofdstuk.)

Hoofdstuk 2
Kennis maken

'De meeste mensen krijgen grote kunstwerken alleen te zien. De Nederlanders wonen er in.'
     KLM-advertentie, 1988

WAAR?

Wees niet verbaasd wanneer u aanvankelijk het gevoel krijgt dat Nederland een soort poppenhuis is. Alles is klein, druk en overvol: huizen, straten, winkels, supermarkten, parken, bossen, auto's, enzovoort. Nederland is, na Bangladesh en Zuid-Korea, het dichtstbevolkte land ter wereld en de inwoners hebben geleerd elke centimeter tot het uiterste te benutten. Die aanleg en vaardigheid zijn, uiteraard, ontstaan doordat het grootste deel van het land op de zee is veroverd. De landwinning gaat tot op de dag van vandaag door.

Als, op een internationale vlucht, de piloot meldt dat u boven Holland vliegt, knipper dan niet met uw ogen: u zou het zomaar kunnen missen, zo klein is het. U kunt het land per auto in drie uur in zijn geheel doorkruisen.

Een wijze raad voor wie met het vliegtuig uit verre landen komt. Eenmaal ter plaatse, en eenmaal gewend aan de luchtdruk die onder zeeniveau gebruikelijk is (jetlag daargelaten), zult u ongetwijfeld de molens, de tulpen, de kaasmarkten en de grachten willen zien. Water en netjes geplette heuvels in overvloed. Seksshops te over. En wees gerust: ook uw portie klompen en Fries stamboekvee zult u krijgen. Binnen twee dagen zult u al die toeristische attracties van binnen en buiten kennen.

WIE?

Het ontbreekt de inwoners van deze smalle strook voormalige zeebodem niet aan eigendunk. Neem gevleugelde uitspraken als 'En de Nederlanders Schiepen hun Eigen Land', of 'Holland, het Herrezen Atlantis'. Het wemelt er van dijken, nationalisme, liberalisme, vrijheid, gelijkheid en politieke overtuigingen (Holland telt ten minste negenentwintig politieke partijen), zoals uit het vervolg nog zal blijken. De Hollanders lijken een gemoedelijk stelletje: aardig, beleefd en behulpzaam voor toeristen. Ze praten graag over hun land en geven alle aanwijzingen en informatie waar u om vraagt. Ze boeien en strelen hun bezoekers met hun fascinatie voor buitenlandse talen, trends, importprodukten en popmuziek. Hun tolerante reputatie ligt er voor de buitenlandse bezoeker duimendik bovenop. Maar laat u niet voor de gek houden: dat alles verandert radicaal wanneer u maar lang genoeg blijft en er helemaal bij gaat horen.

Al snel wordt u niet meer ontzien. Stormen van kritiek zullen op u neerdalen, want uw kameraden in de Lage Landen merken zelfs de kleinste misstand in andermans buitenland op. Niets of niemand ontkomt aan hun morele oordeel, zelfs al is soortgelijk onrecht in hun eigen koninkrijkje minstens even ruim voorhanden. Maar vat die aanvallen niet al te persoonlijk op. U zult al snel ontdekken dat het beschuldigende vingertje niet alleen voor buitenlanders bestemd is. Nederlanders zijn verzot op het uitdelen van standjes aan elkaar.

Verder lijken ze op te gaan in het eindeloos benijden van elkaar. Ze gaan gebukt onder gevoelens van afgunst, zoals: 'Als u zit, moet ik ook kunnen zitten!' Ze barsten van jaloezie en houden precies bij wat hun buren, familieleden en collega's allemaal wel niet hebben. Maar ze kunnen ook heel vrijgevig zijn als het om liefdadige of andere goede doelen gaat en staan over de hele wereld bekend om hun menslievendheid. Door met gulle hand aan charitatieve doelen te schenken verwerven ze zich een grote gemoedsrust.

Ze maken van hun hart geen moordkuil en stellen de buitenlander vragen die deze vaak erg persoonlijk zal vinden. Omdat ze zo op de man af zijn, maken ze een botte en onbeschofte indruk. Zelf hebben ze het liever over 'openheid'. Wat dat inhoudt, kunt u zelf uitdokteren door onderwerpen met ze te bespreken die zo intiem en schokkend zijn, dat u het wel uit uw hoofd zou laten die in enig ander land aan te snijden. Hun commentaar, dat in uw oren uiterst bot klinkt, is voor de Nederlanders niet gênanter of ongewoner dan een gesprek over het weer.

Deze openheid heeft te maken met het feit dat ze erom bekend staan dat ze verwaand en koppig zijn. Als ze ergens heilig van overtuigd zijn, houden ze halsstarrig aan hun principes vast, tot ze er rijp voor zijn om er afstand van te nemen. Maar dat doen ze alleen uit eigen beweging. Indien nodig nemen alle Nederlanders gezamenlijk het besluit om bepaalde tragische gebeurtenissen 'nooit meer' te laten gebeuren, en daar staan ze dan pal voor.

Wanneer u verwacht verrukkelijk eten te vinden of andere buitenissigheden, vergeet het maar. Als u houdt van weidse vlakten en van de eenzaamheid in de natuur, bent u verkeerd. Er zijn geen uitgestrekte bossen of grootse landschappen. Als u wandelt in bos en duin, of op het strand, krijgt u het gevoel dat miljoenen u voorgingen, waar u uw voeten ook zet. En inderdaad. Kan het dit zootje zijn dat Rembrandt en Van Gogh zo inspireerde?

Omdat het grootste deel van het land op zand gebouwd is*, zijn veel wegen aangelegd zoals je dat met Lego zou doen. Straten worden geplaveid met steentjes die zo'n beetje op hun plaats gehamerd worden. Het wegdek heeft geen degelijke fundering en loopt niet schuin af. Dit garandeert, in combinatie met het Noordeuropese klimaat, een maximaal ongemak voor gemotoriseerden: deuken in de weg, wegzakkende tramrails, en overal voor verkeer afgesloten straten in verband met herstelwerkzaamheden.

De Hollanders zijn trots op hun klinkerbestrating. Een wegwerker hoeft nu immers nooit meer straatstenen te verwijderen dan nodig is. De vraag is natuurlijk of er überhaupt wel stenen verwijderd zouden hoeven worden als

---

* (Noot van de vertaler: de Amerikaanse auteurs bedoelen vooral dat de huizen niet op rotsgrond gebouwd zijn, en laten dus nuances als hoogveen, laagveen en zeeklei weg.)

de wegen een beetje behoorlijk gemaakt waren.

Het kostbaarste bezit van een cloggie is zijn rijwiel. Dat kan een superlichtgewicht racefiets zijn met vijftien versnellingen, dan wel een roestig derdehandsje dat door de generaties heen in de familie is gebleven. Het land is vergeven van dit soort vehikels.

Nederlanders zijn meesters in het vernieuwen, hoewel je er als buitenlander misschien nooit achter komt wat het resultaat van hun vernieuwingsdrift is en wat je ervan moet denken. Maatschappelijke kwesties, de landbouw en de industrie zijn onderworpen aan een ononderbroken proces van innoveren en experimenteren, en dat geldt ook voor de stedenbouw en de inrichting van het platteland. Soms zijn die experimenten geslaagd, soms niet. Dat maakt niet uit, want de successen en de missers worden vroeg of laat toch weer achterhaald door weer nieuwere experimenten.

Nederland heeft een zeer hoge levensstandaard en de levensverwachting is er bijna de hoogste ter wereld. Nederlanders hebben een heel goed leven, maar dat merk je vaak niet omdat er altijd zo veel wordt gekankerd.

Hollanders zijn meesters in alles wat met water te maken heeft: bruggen, dijken, kanalen, regen, enzovoort. Ze hebben hun zand voortdurend met een doorwrochte overlevingstechniek moeten verdedigen tegen de elementen, iets wat ze je steeds weer aan het verstand brengen. Dat hun overlevingstechniek hun tegen menselijke vijanden maar weinig gebaat heeft, zullen ze hardnekkig verzwijgen.

Nederland is al eeuwenlang een natie van zeevaarders. Vandaar dat ze zo van reizen, vreemde culturen en sjacheren houden. Een Nederlander gaat uit zijn dak als hij een lucratief handeltje heeft weten af te sluiten. Als het erom gaat een paar gulden te verdienen of te besparen, hebben ze alle tijd en geduld van de wereld. In de wereldhandel zijn ze de grote experts, met Rotterdam als de grootste overslaghaven (in tonnage) ter wereld, nog vóór Hongkong. Ze zijn het grootste exportland van zuivelprodukten en pluimvee, en op het gebied van landbouwprodukten scoren ze met een tweede plaats. Verder gaat Rotterdam er prat op de eerste volledig geautomatiseerde containerhaven ter wereld te zijn.

Water is een oersymbool voor zuivering en reinheid, en wellicht is ook dat een verklaring voor de Hollandse waterzucht. Veel cloggies hebben een pathologische was- en poetsdrang, die feitelijk weinig te maken heeft met hygiëne. Dat geldt speciaal voor de oudere generatie: het lijkt of de smetvrees met de jaren toeneemt.

Overigens zal die oudere generatie in het vervolg van dit boek maar weinig aan de orde komen. Want hoewel ze nog volledig in het bezit zijn van hun Hollandsheid, lopen ze er aanmerkelijk minder mee te koop. Misschien dat ze na hun zestigste die ontregelende folklore eindelijk aan hun erven durven over te laten. Maar het zou ook kunnen zijn dat die ene periode van ontbering die veel ouderen hebben meegemaakt, namelijk te moeten leven onder het juk van een moordzuchtig Derde Rijk, hun blik op de wereld heeft verruimd.

Hoofdstuk 3
Openbaar vervoer

Nederland geeft geen onaardig beeld van alle mogelijke
ontwikkelingen op het gebied van geëlektrificeerd openbaar vervoer op rails.

Paul Goldsack, *Mass Transit*, 1985

Behalve het nationale spoorwegnet heeft Holland, zoals
de meeste andere landen, regionale busmaatschappijen
voor het lokale vervoer. Verstedelijkte gebieden kennen
de tram, Rotterdam en Amsterdam hebben ook nog een
ondergrondse. Het openbaar vervoer is voortreffelijk: efficiënt, eigentijds en comfortabel. Ook taxi's zijn er in
overvloed, maar die kunnen, vooral over grote afstanden,
behoorlijk duur zijn.

KAARTJES
De fysieke beperktheid van Holland bracht de busmaatschappijen als vanzelf samen: het hele land is nu verdeeld
in genummerde reiszones. Kaartjes zijn geldig in een bepaald aantal zones, en de duur van hun geldigheid hangt
weer af van het aantal doorkruiste zones. Je bent vrij om
waar dan ook heen te gaan, binnen de vastgestelde zone-
grenzen, voor zolang als toegestaan. Tot zover lijkt het
simpel. Om bij voorbeeld met de bus van Hilversum naar
Loosdrecht te gaan, koop je een kaartje voor het benodigde
aantal zones. Maar helaas, zo makkelijk gaat dat niet. Afgezien van een abonnement, hebt u twee mogelijkheden:
  1. Koop van tevoren een ongestempelde kaart bij een
officieel verkooppunt (postkantoor, tabakszaak, stations-
loket). De Nationale Strippenkaart is verdeeld in een aantal
aparte strookjes en kan worden gebruikt in alle bussen,
trams en metro's van het land. Het enige wat u hoeft te
doen is netjes afstempelen in een van de daarvoor bestemde

gele apparaten of bij de chauffeur. Hoe je op de goede manier afstempelt is te ingewikkeld om in één boek uit te leggen. Wie hoofdpijn heeft gekregen van het plannen van de rest van de reis, kan de zinnen verzetten door een leuk puzzeltje achter op de strippenkaart op te lossen.

2. Koop een kaart bij de chauffeur. Dit is niet aan te bevelen, want zo'n kaart valt per reiszone aanmerkelijk duurder uit dan een in de winkel gekochte kaart.

Het nationale treinvervoer (Nederlandse Spoorwegen) kent een eenvoudiger systeem waarbij u een kaartje koopt op het station van vertrek. Om deze platvloerse bezigheid wat opwindender te maken, is er een hele reeks kaartsoorten in het leven geroepen waar zelfs de grootste financieel deskundige geen raad mee weet. Het systeem is zelfs zo ingewikkeld dat de Nederlandse Spoorwegen een reis/prijsgids op diskette uitgeeft (voor MS-DOS of ATARI) die de potentiële reiziger in staat moet stellen voor een redelijke prijs van A naar B te komen. Maar daar moet hij wel wat voor doen. Wie het Reisplan-programma wil gebruiken, begint met de plaats van vertrek en de eindbestemming in te voeren, en de datum en de tijd van vertrek. De computer laat u vervolgens zien wat de reis voor elke kaartsoort kost. Maakt u een rondreis door Nederland, dan heeft u veel plezier van uw schootcomputer als aanvulling op wat u verder onderweg nodig mocht hebben (en dat vindt u bij VOOR MEE OP REIS, elders in dit hoofdstuk). Veel grootser van opzet is het gebruik van 'reisplancomputers' met *touch screens,* die in alle trein- en busstations komen te staan. Via deze computers kunt u alle gegevens van het gehele openbaar vervoer in Nederland op het scherm krijgen. En dat in een landje dat je in een etmaal tijd helemaal rond kunt rijden.

Wanneer je in de rij staat om een treinkaartje te kopen, ontvouwt zich een vermakelijk tafereel. Na het kopen van een kaartje doet de gemiddelde cloggie een stap opzij, meestal naar links, staat eventjes te hannesen, zet een tevreden gezicht op en loopt weg. Oningewijden zouden kunnen denken dat de stap opzij bij het aankoopproces hoort. Mis. Wat de cloggies doen is de inhoud van hun portemon-

De strippenkaart en zijn verborgen genoegens

1. Gebruik de hoeken als tandestoker of om nagels mee schoon te maken.
2. Probeer de streepjescode te lezen of te ontcijferen.
3. Gebruik lege plekjes voor het noteren van telefoonnummers etc.
4. Probeer te begrijpen hoe het zit met tarieven en tijdzones.
5. Los de puzzel op. Vraag desgewenst een medereiziger om zijn of haar strippenkaart.
6. Plak een strookje 'Magic Tape' over het te stempelen deel. Als de kaart vol is, veegt u de stempels uit of vervangt u de tape.
7. Vouw de kaart op elke ril zowel naar voren als naar achteren geheel dubbel zodat u de kaart praktisch niet meer in de stempelautomaat kunt duwen. Dat is nog eens leuk, vooral als de rij mensen die ook willen stempelen steeds langer en bozer wordt.

Verdere gebruiksmogelijkheden voor volle kaarten:
als waaier (in de zomer), als boekelegger of als aanwijsstokje.

nee reorganiseren, een inventaris opmaken en het treinkaartje in hun handbagage doen. Ook in de trein kunt u
een kaartje aanschaffen. Al naar gelang de omstandigheden
kost u dat:
- de standaardprijs (als u aantrekkelijk bent);
- de standaardprijs plus een bescheiden toeslag;
- de standaardprijs plus een forse boete.

Officieel dienen kaartlozen zich voor vertrek bij de conducteur te melden, waarna de toeslag in rekening wordt
gebracht. Maar in de praktijk, wanneer je je vrijwillig aangeeft bij de conducteur en zijn humeur goed is, betaal je
de gewone prijs, en sóms een toeslag. Word je daarentegen
op heterdaad betrapt, dan krijg je een boete. Soms.

Tot 1985 werden in het openbaar vervoer maar zelden
kaartjes gecontroleerd. Maar in dat jaar bleek uit de steeds
oplopende verliezen zonneklaar dat het systeem van goed
vertrouwen gefaald had. Er kwamen teams van controleurs, vaak gehuld in gewone kleren. Maar die dracht werd
door de democratische Hollanders al snel uitgebannen,
met het argument dat een zwartrijder een eerlijke ontsnap-
pingskans moest hebben. Tegenwoordig bestaan de groepen controleurs uit geüniformeerde jongeren, tieners of
beginnende twintigers. De typische samenstelling van zo'n
team is: één of twee vrouwen, één blonde inheemse jonge-
man, en een combinatie van Turken, Surinamers en/of ne-
gers. Vaak zijn deze jongelui erg schappelijk met mensen
die niet of niet goed hebben afgestempeld. Maar wees ook
niet verbaasd te zien hoe de jongelui, wanneer de metro
stopt op een station, woest een ontsnappingspoging verij-
delen. Ze mogen een verdacht persoon bij de kladden grijpen. Wanneer die zich aan hun omklemming probeert te
ontworstelen, blijft de metro net zolang staan als het duwen en trekken op het perron duurt. Uiteindelijk wordt
de vluchteling weer de metro in gesleept. De deuren gaan
dicht, de trein vertrekt, en het slachtoffer verklaart luide:
'Maar ik heb niks gedaan.'

Ieder volk heeft zijn eigen trekjes en tradities wat betreft openbaar vervoer, zeker voor de wat langere reizen. Russen zoeken het allicht in wodka of een schaakspel. Andere nationaliteiten nemen hun levende have mee het openbaar vervoer in, op weg naar de markt. Maar de Hollanders nemen, in plaats van schapen, kippen en geiten, hun fiets mee aan boord, leesvoer en op z'n minst één enorme bos bloemen, die door iedereen mag worden bewonderd. Voor fietsvervoer zijn speciale kaartjes te koop. Leesvoer en bos-

sen bloemen mogen gratis mee, omdat ze
a. de medepassagiers veel plezier bezorgen en
b. een uitstekend gespreksonderwerp vormen.

Ten slotte nemen de Hollanders ook dolgraag honden mee, in welke vorm van openbaar vervoer dan ook. Er zijn hondenkaartjes te koop, voor honden die te groot zijn voor in de boodschappentas, of wanneer het beest zijn eigen zitplaats wenst te hebben.

WACHTREGELS VOOR HET OPENBAAR VERVOER

1. Of u nu wacht op tram, bus, metro of trein: vorm zodra die aankomt met de andere wachtenden een menigte en blokkeer de deuren, zodat niemand eruit kan. Ga vooral niet uit de weg wanneer de deuren opengaan en mensen naar buiten proberen te komen, want dat zou de procedure aanmerkelijk versnellen. En u zou toch niet willen dat iemand bij het instappen voor zou kunnen dringen! Als u daarentegen toevallig een uitstappende reiziger bent, heeft u het volste recht de stomme idioten die u de weg versperren tot in het vierde geslacht te vervloeken.

2. In de spits zijn er genoeg mensen met wie u een aanvullende blokkade kunt vormen. Schuifel of sta stil, zodat u iedereen die heeft weten uit te stappen verhindert zich naar de trap of roltrap te haasten. Met dit 'flipperspel' scoort u een punt voor iedere keer dat iemand tegen u opbotst, en voor iedereen die door u op welke manier dan ook in zijn bewegingsvrijheid wordt belemmerd.

WAT TE DOEN ONDERWEG

Wilt u naadloos in uw omgeving opgaan, zorg er dan voor dat u praat over 's lands favoriete onderwerp: guldens.

Het is voor Hollandse ingezetenen verplicht te mekkeren over voedselprijzen, de hoogte van uitkeringen en subsidies, en de economie in het algemeen. Het valt echter niet-Hollanders zeer af te raden om kritiek te spuien op de Hollandse zeden en gebruiken.

Wanneer de trein voor een rood sein wacht en het stil is in de coupé, is alleen al het kraken van een plastic tas genoeg om de aandacht te trekken van iedereen binnen gehoorsafstand. Iedereen zal zijn bezigheden onderbreken om uit te vinden wat jij uit die tas gaat halen, en zal ook proberen te lezen wat er op die tas gedrukt staat.

Kies zorgvuldig uit wat u gaat lezen, zodat het indruk maakt op uw reisgenoten. Het is voor de perso(o)n(en) naast u verplicht een groot deel van de reis door te brengen met het bestuderen van uw leesmateriaal. Afhankelijk van hun stemming doen ze dat terwijl ze hun krant omhoog-houden alsof ze díe aan het lezen zijn, of ze staren botweg. Dat houdt ze tevreden: helemaal gratis leren en studeren!

Tegenwoordig zie je allerlei mensen vol trots rondlopen met een computerboek, hoewel de computer hen waar-schijnlijk niet interesseert en ze er nog minder van snappen. Begin jaren tachtig stuitte de computertechnologie bij de Hollander nog op veel weerstand. Computerboeken wer-den argwanend bekeken, sterker nog, de doorsnee cloggie durfde er zelfs 's nachts niet mee over straat. Wie als een van de weinigen toch over dit taboe-onderwerp wenste te lezen, deed dat op eigen risico en natuurlijk alleen als de zitplaatsen naast hem of haar leeg waren.

De Hollandse nieuwsgierigheid verdubbelt, als u in plaats van te lezen besluit te schrijven.

GEDRAG

De gedragsregels voor het openbaar vervoer zitten diep in de Hollanders verankerd. Wie hen niet wenst te schof-feren, houdt het volgende in de gaten:

1. Wanneer u als een van de eersten instapt, verspreidt u uw bezittingen losjes over de zitplaats(en) naast u. Om de toegang tot de nabijgelegen vrije plaatsen te blokkeren, strekt u de benen. Wanneer de raamplaatsen vrij zijn, is het de vaste regel dat u aan het gangpad gaat zitten. Komt er iemand voorbij op zoek naar een zitplaats, negeer die persoon door de andere kant op te kijken, een krant te lezen of te doen of u slaapt.

Opstaan voor invaliden, ouderen of zwangere vrouwen is toegestaan, maar het mag geen regel worden.

2. Wanneer het voertuig vol is, ga dan ín het comparti-

ment staan om de weg te versperren voor iedereen die er langs wil.

3. Wanneer de trein uw bestemming nadert, word dan onrustig. Indien mogelijk, sta op en ga nerveus met uw bagage in de weer.

4. Degenen achterin of midden in het compartiment horen zich duwend en dringend en/of in een stormloop naar de deur voorin te begeven. Het is verleidelijk hier van 'rij' te spreken, omdat de manier van staan daar enigszins op lijkt, maar dit komt uitsluitend doordat het nauwe gangpad in de breedte maar plaats biedt aan één persoon.

Hollandse Bewegingswet

De uitstaptijd is omgekeerd evenredig met de afstand tot de deur. Met andere woorden, wie het dichtst bij de deur zit, stapt het laatst uit. Wie haast heeft, dient dus zo ver mogelijk van de uitgang af te gaan zitten.

5. Kijk na aankomst op het imposante station Amsterdam-Centraal niemand meer in de ogen, anders wordt u lastig gevallen: met hasjiesj, heroïne, cocaïne, een goedkoop hotel of hotelschip, sleep-ins, linkse kranten, rechtse kranten, onafhankelijke kranten, schoenen poetsen, petities tekenen, of u mee wilt doen aan een rel of demonstratie, kraker wilt worden, of homofiel, of lesbisch. Naar de grond blijven staren is trouwens ook nuttig als u eenmaal het station heeft verlaten en de hopen hondestront tegenkomt die alom de Amsterdamse straten opsieren. Stoor u niet aan het woord *shit*. De Hollanders hebben het als een alledaagse uitdrukking aan hun taalschat toegevoegd.

TAXI'S

In Nederlandse steden vindt u taxi's in overvloed, voornamelijk Mercedesen en Opels. Taxichauffeurs weten zich uiterst kundig door smalle straatjes, horden voetgangers en langs allerlei obstakels te wurmen. Ze laten zich niets gelegen liggen aan regels en zijn meesters in het gebruik van de verschrikkelijkste krachttermen, met andere woorden, ze laten u meteen kennismaken met de couleur locale.

In de grote steden zijn de avonduren de drukste tijd voor taxichauffeurs. Ze worden vanuit een centraal meldpunt naar hun klanten gestuurd (de taxicentrale). Als u op een koude, natte winteravond ver van huis gestrand bent omdat trams en bussen niet meer rijden, kunt u de taxicentrale bellen. U wordt dan op de volgende manier uit uw lijden verlost:

– Een bandje meldt: 'Er zijn nog vijftien wachtenden voor u.'

– Oefen geduld tot u het bandje hoort zeggen dat er nog één wachtende voor u is.

– Als de centralist(e) opneemt – meestal met een kortaf 'Taxi!' – vertelt u hem/haar waar u heen wilt.

– De centralist(e) geeft u het telefoonnummer van de centrale die het gebied bedient waar u zich bevindt.

– Draai de plaatselijke centrale en reken er niet op dat daar wordt opgenomen.

– Bel opnieuw naar de oorspronkelijke taxicentrale en begin van voren af aan.

Er is geen enkele garantie dat een hernieuwde poging iets oplevert, maar het houdt u in ieder geval wakker.

In de Randstad is in 1990 een nieuw soort taxi ingevoerd: de treintaxi. Reizigers met een geldig vervoersbewijs kunnen vanaf elke willekeurige plaats in de stad een taxi naar het station nemen (en bij terugkeer vanaf het station naar elke willekeurige bestemming in de stad) voor het luttele bedrag van ƒ 5,-. Maar denk eraan dat u eerst naar het station moet om een kaartje te kopen, en dat u vervolgens naar huis terug moet om een treintaxi te bellen als u gebruik wilt maken van dit voordelige taxi-aanbod!

Toen deze manier van vervoer werd ingevoerd, zorgde dat voor een golf van protesten van 'gewone' taxichauffeurs. De treintaxi wordt namelijk door de overheid gesubsidieerd. De overheid kwam met de volgende mededeling om de protesten te ontzenuwen: 'De treintaxi heeft niet tot verliezen bij de gewone taxibedrijven geleid. Integendeel, álle taxichauffeurs hadden meer ritten naar NS-stations gekregen.'

Hoewel we hebben getracht het Nederlandse drugsdilemma te beperken tot één hoofdstuk, (hoofdstuk 18), moeten we hier toch even melding maken van het feit dat taxibedrijven in Eindhoven, Den Haag, Rotterdam, Tilburg en andere steden wettelijk toestemming hebben gekregen om in en om die steden soft drugs (hasj e.d.) af te leveren bij particulieren, de zogenaamde hasjtaxi. Er zijn wel een paar voorwaarden aan verbonden:

- Geen reclame onder schoolkinderen
- Geen verkoop aan minderjarigen
- Geen overlast voor omwonenden
- BIJ HET ZAKENDOEN MAG WINST GEEN HOOFDDOEL ZIJN

Als beloning voor deze vorm van dienstverlening aan het publiek ontvangt de Eindhovense taxi-onderneming een subsidie van ƒ 30.000,– per jaar (1992). Wilt u meer weten over de wondere wereld van het subsidiewezen, dan moet u bij hoofdstuk 9 zijn.

Hoofdstuk 4
Het Hollandse huis

Vraag een Hollander naar zijn huis en hij zal je vertellen dat het daar gezellig is, een woord waarvoor volgens de Hollanders geen Engelse tegenhanger bestaat. Het woordenboek noemt *cosy* (gezellig). Lees daarvoor in dit geval gerust: *cramped* (volgestouwd). Want de levende bewoners (planten, huisdieren en mensen) geven de woning haar ziel, maar de sfeer wordt bepaald door een tomeloze overdaad van levenloze zaken. Al die elementen samen vormen 'thuis'.

STEDELIJKE ARCHITECTUUR

De klassieke Nederlandse binnenstad dankt haar bestaan aan de architecten uit de 17de eeuw. Hun grote wens was een huis zo hoog mogelijk te laten lijken. Dit heeft, in combinatie met de overbevolking in de steden die toen al net zo erg was als nu, geleid tot het gebruik van zeer karakteristieke architecturale elementen waarvan we er nog heel veel terugvinden. De toentertijd gangbare opvatting dat een huis hoger dan breed moest zijn, is daar een uitnemend voorbeeld van. Daar zal ongetwijfeld bij hebben meegespeeld dat de onroerend-goedbelasting toen werd berekend op basis van de gevelbreedte. Het hoogopgaande karakter van de beroemde Amsterdamse grachtenpanden wordt nog versterkt doordat de hoogte van de ramen per verdieping afneemt (later meer over ramen). Gegeven de hartstocht waarmee cloggies hun rijkdom ontkennen, stonden de welvarende inwoners meestal op weinig uiterlijk vertoon: achter een smalle façade gaat een wulpse en rijke ruimdenkendheid schuil.

Een typisch huis in de oude wijken bestaat uit vier aparte wooneenheden, ofte wel etages. Het gebouw heeft twee voordeuren, één voor de bewoner(s) op de begane grond, en één voor de meer verheven bewoners. De zeer lange en smalle trap (zie verderop) leidt naar de hogere etages. Onvermijdelijkerwijs hangen er, boven de trapleuning, één of meer fietsen aan de muur. Dit doordachte ontwerp zorgt voor:

- Maximaal ongemak voor wie binnentreedt.

- Maximaal lawaai voor de bewoners die het kletsen, giechelen en de klossende tred horen van ieder die naar binnen of buiten gaat.

- Maximaal lawaai én ongemak voor bezoek en bewoners die pogen zich te bevrijden uit een kluwen fietsen, of proberen trappers, sturen enzovoort uit hun oren te peuteren.

Een opvallende bouwkundige eigenaardigheid bevindt zich onder de beroemde Hollandse gevel, of maakt daar deel van uit: een verroeste antieke vleeshaak hangt aan een houten of metalen balk die uit de voorkant van het pand steekt. Dat is niet een symbolisch overblijfsel van het barbaarse verleden van dit pacifistische land. Aan de haak hangt een takel die het mogelijk maakt om zware meubelstukken en andere volumineuze zaken van de grond af omhoog te hijsen. De ramen en kozijnen zijn er op gemaakt om snel verwijderd te kunnen worden, zodat er op elke etage genoeg ruimte is om een lading naar binnen te kunnen takelen. Menig Hollander vreest de publieke vernedering die hij ondergaat wanneer de last heen en weer gaat zwaaien en het pand binnenkomt via een aangrenzende etage.

Andere bijzondere uiterlijke kenmerken (naar keus) zijn onder andere:

- Een korte metalen buis, onder een hoek van vijfenveertig graden op de muur gemonteerd. Eigenlijk is dat een vlaggestokhouder, ter ondersteuning van de nationale driekleur op patriottische feestdagen. Vlaggestokhouders op de begane grond worden door de plaatselijke jeugd tevens gebruikt als asbak en vuilnisvat.

- Het spionnetje, vastgemaakt op of naast het raamkozijn. Het lijkt op een grote autozijspiegel, mogelijk gestolen van een vrachtwagen. Oudere echtparen gebruiken het om ongezien het straatleven in de gaten te houden.

– Een verzameling grof huishoudelijk afval, zoals tuin-meubels, w.c.-potten, wasbakken, bedoeld om de stoep op te fleuren.

– Een aantal enorme boomstammen, die van de dichtst-bijzijnde stoeprand tegen de voorgevel leunen. Deze hou-ten kolossen vormen voor de buurthonden een natuurlijk openbaar toilet en dienen verder voor het hinderen van zowel voetgangers, fietsers als gemotoriseerden. Een bij-komende functie is te voorkomen dat het huis instort.

– Een levende glazenwasser, ongeveer om de vier weken ter plekke aan het werk, ongeacht weer, jaargetijde of de toestand van het vensterglas.

TRAPPEN

Het Hollandse equivalent van de Anglo-Amerikaanse *stairs* is de Hollandse trap, ook wel trappehuis genoemd: een bewonderenswaardige uitvinding. De trap is steil en nauw en de treden zijn nogal ondiep: er is nog te weinig plaats voor de helft van je voet. In nog oudere huizen lijkt het trappehuis op een in elkaar gedraaide ladder.* Inder-daad is het zo dat je trappen moet beklimmen zoals een ladder, je onzeker vastgrijpend aan de hogere treden, of met je handen aan de leuning – als die er is. Maar er is met ladders een gevaarlijk verschil: er is in dit geval geen ruimte om – voor de balans – je voeten wat naar voren te laten uitsteken. De hooghartige Hollanders doen dit krankzin-nige verschijnsel af als een natuurwet. En het biedt ze die onmisbare oefening die andere volken opdoen bij het be-klimmen van rotswanden.

Parallel aan de trap loopt, door een serie oogjes, een touw of een stevig koord, eindigend in een onontwarbare knoop die weer aan het deurslot vastzit. Deze hightech voorziening stelt bewoners van alle etages in staat voor bezoekers de deur open te doen, zonder gedwongen te

---

* (Noot van de vertaler: de schrijvers menen dat ons Hollandse 'trap' waarschijnlijk veel te maken heeft met het Engelse *trap*: 'val' of 'hin-derlaag'.)

worden alle trappen af te gaan: dat zou meer lichamelijke inspanning vergen dan voor een cloggie goed is. En te veel traplopen veroorzaakt natuurlijk ook extra slijtage van schoeisel en trapbekleding, wat zou uitmonden in voortijdige vervanging van beide.

Tot slot: hoe u ook de trap bestijgt, gebruik niet het touw als houvast. Daarmee opent u namelijk het slot van de voordeur, zodat u weer naar beneden moet om de deur te sluiten. Hardnekkig onbegrip kan in die situatie leiden tot een eeuwig jojo'en in het trappehuis: trap op, deur open, trap af, deur dicht, trap op, deur open...

MEUBILAIR

De populairste stijlen van inrichten zijn ofwel quasi-futuristisch (de Scandinavische invloed), of namaak-klassiek (de Duitse invloed), daarbij inbegrepen de *stijlmeubelen* (imitaties van meubels uit de Spaanse of Italiaanse Renaissance). De kamers worden met dergelijk meubilair letterlijk overladen, wat verder bijdraagt tot het claustrofobische gevoel dat al veroorzaakt wordt door:

– De gebrekkige omvang van de woning.

– Het voorgeschreven Hollandse kleurenschema, bestaande uit nondescripte tinten als Bedorven Room en Uitwerpsel Bruin.

– De voortwoekerende kamerplanten.

Eén woongedeelte hoort gedomineerd te worden door een bureau en lompe boekenkasten. Wanneer deze twee zaken aanwezig zijn, kan namelijk een zeker belastingvoordeel worden verworven. De inhoud van de boekenplanken laat op de bezoeker een beeld van de eigenaar achter zoals die zich dat het liefst wenst.

Gordijnen zijn belangrijk in het Hollandse leven. Bijna ieder huis heeft dubbel uitgevoerde gordijnen. Fijnmazige gordijnen (vitrage) en zwaardere gordijnen, tot op de grond. Het is de gewoonte om de gordijnen van de voorkamer dag en nacht open te laten, zodat eenieder naar binnen kan blikken en de bezittingen bewonderen. Zelfs de armste Hollanders weten aan genoeg geld te komen om van hun voorkamer een toonzaal te maken, en geven daaraan aldus die speciale cloggie-uitstraling waarmee iedere voorbijganger een groot plezier gedaan wordt. Geloven de eigenaars, en ze laten de gordijnen open. Wat een paradox oplevert: naar Hollandse normen (zie hoofdstuk 8) is het zonde, bijna zondig, om gordijnen per meter te betalen en maar een kwart van de lengte te benutten. Maar wie even doordenkt ziet dat die schijnbaar overbodige stof wel degelijk nut heeft: wanneer de officiële bewoners op vakantie zijn, of anderszins 'niet thuis', voorkomt het dan gesloten gordijn dat de leegstand wordt opgemerkt door dieven, zwervers en krakers.

RAMEN

In Nederlandse ramen is een enorme hoeveelheid technologie gestopt. In sommige opzichten wordt het karakter van een Nederlands huis bepaald door het soort ramen dat erin zit. Ramen zijn al net zo'n geliefd gespreksonderwerp als de rest van het huis. Nederlanders besteden een groot deel van hun inkomen aan het verfraaien van hun interieur. Dat willen ze graag aan de buitenwacht laten zien, vandaar de grote ramen. Anderzijds zijn ze verplicht om zo veel mogelijk spullen voor de ramen tentoon te stellen om niet voor egoïsten te worden uitgemaakt.

In moderne huizen moeten de ramen zo groot en technisch zo geavanceerd mogelijk zijn.

Als u gaat verbouwen, moet u proberen om de nieuwe ramen zo 'dubbel' te krijgen als maar kan:
- dubbele afmetingen
- dubbel glas
- dubbel openingssysteem
- dubbel sluitwerk
- dubbel indrukwekkend (stijl)
- dubbele gordijnen (zie hieronder)

Pas op dat u uw ramen niet verwaarloost. Ze moeten vaak gelapt worden (zorg ervoor dat uw buren dat geregeld zien gebeuren) en behoeven bescherming (neem een goede glasverzekering). U maakt de meeste indruk als u uw ramen door een glazenwasser laat lappen terwijl het regent.

34

Er zijn mensen die beweren dat de gewoonte van de open gordijnen afkomstig is van een oude calvinistische traditie die voorbijgangers erop moest wijzen dat er geen 'zonde' werd bedreven. Het is discutabel of in het huidige tijdsgewricht met zijn losse seksuele zeden nog sprake is van een zo vrome instelling.

De gemiddelde cloggie (die niets heeft te zeggen over de afmetingen van zijn/haar ramen) wil een zo groot mogelijk glasoppervlak hebben om zo veel mogelijk licht binnen te krijgen. Is het dan niet paradoxaal dat een groot deel van dat (gratis) licht wordt tegengehouden door de overmaat aan planten die pal achter de ramen staan?

HET TOILET

Nergens dringt het claustrofobische gevoel zich sterker op dan in een Hollands watercloset. De Hollanders hebben de term *closet** letterlijk genomen, en hebben het meest intieme kamertje het formaat van een kast toebedacht. Ben je er eenmaal in geslaagd om binnen te komen, dan is het volgende probleem hoe je nu om te draaien, de deur dicht te doen, en de kleding in gepaste wanorde te brengen. Bij het gaan zitten bevangt je het dilemma of je nou je knieën stevig tegen de deur aan zult drukken, of dat je ze toch liever onder je kin geklemd houdt. Ieder gevoel van bevrediging na het volbrengen van de natuurlijke plichten wordt tenietgedaan door het besef dat je nu een manier moet vinden om weer omhoog te komen en je te ontsluiten.

Verreweg het meest verontrustende kenmerk van het Hollandse toilet is het toilet zelf. De pot heeft een unieke vorm, namelijk met een vlak gedeelte, ruim boven het normale waterpeil. Het doel daarvan wordt u duidelijk op het moment dat u er voor het eerst gebruik van maakt. Maar waarom nu die wereldwijze, beschaafde Hollanders de masochistische behoefte hebben hun meest recente darminhoud te bestuderen, blijft een raadsel. Misschien is het niet zozeer de aanblik van het op het inspectieplateau nagistende uitwerpsel zelve, maar gaat het om die hoogstpersoon-

---

* (Noot van de vertaler: Engels voor kast.)

lijke geur die uit de diepte komt opzetten en nog lang blijft
hangen nadat de schuldige substantie haar laatste reis heeft
aanvaard.

Het spoelsysteem is een technisch hoogstandje, en niet
in hydraulische zin: het geniale zit hem in het onvindbaar
maken van de 'trekker'. Hollanders lijken een sadistisch
genoegen te scheppen in het bedenken van de meest bizarre
ontwerpen. Wees voorbereid op:

– een knop op de valpijp, die aansluit op een hoog reservoir;

36

- een knop op de voorkant van een laag reservoir;
- een knop op de bovenkant van een laag reservoir;
- een hendel aan de zijkant;
- een ketting, een snoer of een stukje touw;
- een voetpedaal;
- een visje dat je aan z'n staart moet trekken;
- een jongetje dat je aan z'n staart moet trekken;
- een lineaire, verticaal opererende spoelklep-opener;

kortom, een knop waar je aan moet trékken.

Als u nog steeds niets vindt, ga dan op zoek naar een verend opgehangen pijp ergens tussen het reservoir en de pot. Is die er, maak een pompende beweging. Dat uw hand nat wordt geeft niks, dat hoort erbij. Faalt ook deze noodgreep, keer terug naar uw vertrekpunt en klaag dat vieze mensen verstopping hebben veroorzaakt. Normaal gesproken zou dit alles een amusante bezigheid zijn: maar helaas, u heeft ook te maken met de eerder besproken beklemmende walm die langzaam vanuit de pot...

Maar wat er ook gebeurt, trek niet aan het kleine pijpje dat uitsteekt aan de voorkant van een hoog reservoir. Dat is namelijk een overloop, die u zolang u zit zal gaan besprenkelen met tamelijk bedompt water. En als het pijpje dat al deed, blijf er dan zeker van af.

Ook de pleeborstel mag niet ontbreken, dit in verband met het inspectieplateau. De borstel is in het hele scala van Nederlandse onderkomens, ook tijdelijke, te vinden. De welopgevoede gast zal de toiletpot altijd zonder een smetje achterlaten door de borstel en de gereedstaande chemicaliën te hanteren. Van de meest armzalige woonboot tot het chicste en smaakvolste hotel, overal neemt de vertrouwde pleeborstel een betekenisvolle plaats in het kleinste kamertje in. Het is een voorwerp dat algemeen aanvaard is, waar niemand over praat en op het gebruik waarvan niemand ooit betrapt is, maar dat altijd nat is.

Typische versierselen op de w.c. zijn een aan de deur bevestigde verjaardagskalender, de verplichte kamerplant (God zij die genadig), dingen om te lezen, een machteloze luchtverfrisser in blikverpakking, en een verweerde, banale tekst of tekening die mannen, zwijnen of stieren verzoekt de bril omhoog te doen.

De tweede plaats in de kleinste-kamer-competitie valt toe aan de keuken, als dat al een aparte ruimte is. Deze kamer, dan wel dit vloeroppervlak, onderstreept krachtig het Hollandse vermogen tot woekeren met centimeters. In de minder draagkrachtige klassen is het hele gebied bezaaid met potten en pannen, gereedschap, kamerplanten en bierkratten. Een bijna antiek, wit vierpits gasstel staat boven op de koelkast. In vermogender kringen wordt het gehele beschikbare oppervlak volgeladen met moderne apparaten (magnetron, mixer, keukenmachine, citruspers), kamerplanten en bierkratten.

Eveneens prominent aanwezig/te pronk gezet: een grote verzameling exotische kruiden en specerijen uit aller 's Heren landen (meestal vergezeld van kruidenwijzers aan de muur of in boekvorm), die vaak nooit worden gebruikt.

Geen Hollandse keuken is compleet zonder koffiehoekje, een heilig gebied. Daar vinden wij een koffiezetmachine (type druppelaar), een reeks kannen en kruiken, een overvloedig aanbod van koffiemelk en een verzameling koffiekopjes, schoteltjes en diverse types dwergachtige lepeltjes. Een pak koffiefilters is losjes aan de wand geprikt.

Meestal is aan de muur boven de gootsteen een kleine waterverwarmer (geiser) bevestigd, die het hele huishouden van warm water voorziet. Deze opzet werkt aardig, vooropgesteld dan dat tegelijkertijd maar één warmwaterkraan gebruikt wordt. Als u onder de douche staat en het water wordt koud, dan is dat waarschijnlijk omdat in de keuken iemand de fluitketel vult.

HUISDIEREN
- katten (om muizen te vangen)
- honden (hoe kleiner de woning, des te groter de hond)
- vissen (daarnaar staren schijnt de agressiviteit te verminderen)
- konijnen (om door de kinderen geknuffeld te worden)
- marmotjes (dan heeft het konijn ook iets te knuffelen)
- ratten (om op je schouder mee de stad in te nemen)
- exotische vogeltjes (opgesloten in kooien, om medelijden mee te hebben).

Onder bewoners van verbouwde boerderijtjes is de geit een geliefd huisdier, niet alleen voor melk en kaas, maar vooral als symbool van het platteland.

WOONBOTEN

Alleen al in Amsterdam zijn er ongeveer vierentwintig-honderd woonboten. Woonboten raakten in zwang tijdens de ernstige woningnood van na de oorlog. Een ideale plek om te wonen voor wie het doorsnee Hollandse binnenhuis nog wat aan de ruime kant vindt. Een woonboot is meestal een krakkemikkig verbouwd binnenvaartschip met één of twee goedkope wooneenheden. Over het algemeen hebben deze binnenvaartschepen geen roestige haak die aan de voorgevel bungelt en is het trappehuis vervangen door een wankele, smalle loopplank. Het meubilair voldoet aan de Hollandse normen, maar is spaarzamer aanwezig in ver-band met het gewicht en de ruimtelijke beperkingen. Het toilet aan boord is zelfs nog beklemmender. Het riool loost direct in de gracht waarin de woonboot afgemeerd ligt. De ventilatie is beneden de maat, de verwarming is een oliegestookte potkachel, gekookt wordt op een gasstelletje (butaan of aardgas). Dit alles maakt van het drijvende huis een drijvende bom. Verder geeft het verblijf in een woon-boot die in druk vaarwater ligt een geheel nieuwe inhoud aan het woord *hangover*.

Ondanks al dit klein ongemak blijft wonen op een woonboot in de mode. Wellicht dat zulks ontspruit aan de zeevaarttradities, of anders aan de behoefte om tijdelijk te ontsnappen aan het alom aanwezige baksteen en beton. Hoe dan ook, wonen op een woonboot oogt aangenaam inheems. En hoewel de meeste woonboten allang definitief van hun varende taak ontheven zijn, blijven de eigenaars eindeloos prutsen om het voortstuwingssysteem in lopen-de conditie te houden. In Utrecht vormen woonboten het hoofdbestanddeel van de hoerenbuurt.

Hoofdstuk 5
Groeiende zorgen

FLOWER POWER

Wanneer u dank, medeleven of liefde aan een cloggie wilt betuigen, geef dan bloemen.* Als u excuses aan wilt bieden, of iets goed maken, een ruzie bijleggen, probeer het met bloemen. Als u wordt uitgenodigd voor een Hollands etentje, zorg ervoor dat u bloemen meebrengt. Hollanders geven elkaar bloemen bij alle gelegenheden. Waar andere nationaliteiten een kaartje zouden sturen, en waar weer anderen met een nuttig cadeautje aan zouden komen, daar zeggen de Hollanders het met bloemen. Een cloggie met een bos bloemen op een fiets is net zo karakteristiek als een Fransman met een stokbrood.

Bossen bloemen worden idealiter hangend vervoerd, zodat het overtollige water uit de vorige emmer door de verpakking heen in uw broekspijp kan druppelen. Wat ook de aanleiding voor het geven is, pak de bloemen uit zodra u voor uw gastheren (m/v) staat. Voor uw ogen zullen ze ontdooien en de kern van hun cloggie-zijn zal zich weerspiegelen in een onwereldse euforie op hun gezicht. Dan volgt er een ceremonieel oppoetsen en bijsnoeien van de bos, en pas daarna wordt u uitgenodigd plaats te nemen in hun nederige stulpje.

Wanneer u een Hollands huis betreedt, zorg dan voor een kapmes waarmee u zich een weg door de begroeiing kunt banen. De Hollanders zijn zo trots op hun obsessieve liefde voor planten en bloemen dat de doorsnee huiskamer meer op een subtropische jungle lijkt dan op een Europese leefruimte. Wanneer u uiteindelijk een plaatsje gevonden hebt om te zitten, valt uw blik ongetwijfeld op nog meer

* (Noot van de vertaler: pronounced as 'blue men', meldt het origineel.)

vazen met verse snijbloemen, strategisch geplaatst op in
het oog springende open plekken. Nog meer groen wordt
gekoesterd buiten voor de ramen, in voor- en achtertuin
(indien aanwezig), of op de buitenkozijnen en op de bal-
kons (door flatbewoners).

Hét symbool van tuinbouwend Nederland is de tergen-
de tulp. Maar deze gaat zowat ten onder in al het pure,
goddelijke groen waarvan de huiskamers vergeven zijn.
Tulpen gaan per bos, armvol of wagonlading, voornamelijk ten faveure van anderen, of om zelf mee te pronken.
Zoals veel andere zaken is de tulp uitgegroeid tot een symbool van Hollandsigheid: van en door de Hollanders en
voor niet-Hollanders. In hoofdstuk 19 wordt deze fabel
verder uitgediept.

GROEIENDE GULDENS

Uiteraard floreert de bloemenindustrie. Die is dan ook
een voorname inkomstenbron voor het land. In sommige
delen van het nog resterende platteland vormen bloemen-

velden een kleurige lappendeken. Maanden van kou noch de warmbloedigheid van soorten staan de kweek in de weg, dank zij het gebruik van kassen.

In steden en dorpen krioelt het van de bloemenwinkels, bloemenstallen en bloemenkarren, met voor iedereen betaalbare prijzen. Holland is de grootste bloemenexporteur ter wereld. Dagelijks worden de bloemen aan handelaren verkocht op de grote bloemenveiling in Aalsmeer. Dat gaat volgens de democratische methode van de Hollandse Veiling,* waarbij de aanbieders de prijs net zolang laten zakken tot iemand het eerste bod uitbrengt. Zelf noemen de Hollanders hun Hollandse Veiling de 'Chinese Veiling'.

Om de tien jaar wordt in Nederland een reusachtige bloemenexpo georganiseerd, de Floriade. Dat is dubbel genieten voor de Hollanders, want ze kunnen zich dan verheugen op twee van hun meest geliefde onderwerpen: bloemen en geld. Maar is dat zo? Floriade '82 leverde een verlies van bijna 9 miljoen gulden op, en werd een buitengewoon groot succes genoemd. Daarbij gold de volgende redenering (clogica): de kosten van de Floriade bedroegen 36 miljoen, dus we hebben voor slechts 9 miljoen kunnen genieten van een fraaie bloemenexpo die wel 36 miljoen waard was. Floriade '92 meldde vol trots dat er 2 miljoen bollen in de grond waren gestopt waar 3,3 miljoen mensen naar waren komen kijken. Desondanks leverde ook deze Floriade verlies op. Geheel volgens de regels brak er onmiddellijk een golf van commentaren los met de volgende strekking:

– geen Floriades meer vanwege de omvang van de succesvolle verliezen

– doorgaan met Floriades (in de hoop dat de volgende succesvolle verliezen kleiner uitpakken).

Onder voorstanders van deze laatste opinie woedt nu een strijd over de vraag wie de zegenrijke en eervolle opdracht krijgt om de volgende Floriade te mogen betalen. Tenslotte beschouwen veel cloggies hun bloemenexpo als

* (Noot van de vertaler: *Dutch Auction* is een staande uitdrukking in het Anglo-Amerikaans.)

het achtste wereldwonder van onze tijd dat om de tien jaar herboren wordt.

Veel groter populariteit (onder de inwoners) kent het Bloemencorso, de jaarlijkse optocht van bloemrijke praalwagens die door Aalsmeer, Amstelveen en Amsterdam trekt. Het gebeuren vindt plaats in september, dus buiten het Europese toeristenseizoen. Het is hartverwarmend te zien hoe de inwoners met stralende ogen naar de langstrekkende processie van gebloemde wagens kijken – een enthousiasme dat grotendeels de schitterend uitgevoerde ontwerpen betreft, maar toch ook het feit dat het gratis is.

De Groene Gekte beperkt zich niet alleen tot bloemblaadjes. Alles wat groeit en bloeit is een absoluut zekere winstbron. Ook kamerplanten en groenten voor de export nemen op de markten en velden een ruime plaats in.

Het aanschaffen van een nieuw groenbloedig familielid is nog maar stap één. Alle plantaardige parafernalia (een fraaie pot, speciale grond, een drinkbuisje, allerlei soorten mest, bladerpoets, enzovoort) worden nieuw gekocht of ergens opgedoken. Geld speelt geen rol. Zonodig wordt zelfs de huisbibliotheek uitgebreid met doe het zelf-uitgaven als *Hoe verzorg ik mijn liefste Hevea brasiliensis?* en *1001 voornamen voor uw nieuwe Euphorbia pulcherrima.*

Het is nog niet bij de Hollanders opgekomen dat al deze plantenkwekerij zonde is van al dat land dat anders voor nuttige gewassen gebruikt kon worden. De oogsten zouden naar de kreperende massa's in Afrika verscheept kunnen worden: een mooi onderwerp voor een nieuwe nationale controverse (zie ook hoofdstuk 11, De Nationale Hartstocht). En de wereld wacht met ingehouden adem af hoe de Hollanders in dat geval weer zouden protesteren tegen de verkwanseling van hun bezit.

GROND WETTEN

Je zou kunnen denken dat de tomeloze produktie van tulpen, bomen, bieten, bonen en piepers de Hollandse grond inmiddels lang en breed uitgeput heeft. Maar nee: de regelmatige toediening van koeiepoep en andere meststoffen heeft de gewijde Hollandse grond vruchtbaar gehouden. Dat wil zeggen: tot nu toe. De akkers raken langzaam verzadigd met de overblijfselen van vijfennegentig miljoen kilo mest, jaarlijks geschonken door de zeventien miljoen koeien en varkens (de vierbenige soort) die Holland bevolken. Een duidelijk geval van stront aan de knikker.

Begerig naar het slaan van munt uit mest hebben de lokale autoriteiten nu mestbanken opgezet, voor opslag en afvoer. Om het financiële succes te garanderen wordt op iedere leverantie een mestheffing in rekening gebracht, en bovendien krijgt de mestverzamelaar subsidie. Het nieuwste gerucht is dat de mestbanken een honderd procent staatsbedrijf gaan worden 'om het overschot efficiënter te kunnen gebruiken'.

De mestrotzooi krijgt meer ruimte in de Nederlandse kranten dan het broeikaseffect (dat volgens sommige geleerden gedeeltelijk wordt veroorzaakt door deze zelfde dieren en hun kwalijke dampen).

BOMEN OVER BOMEN

In het verlengde van hun liefde voor het plantenrijk hebben de Hollanders de boom zo'n beetje tot Nationaal Symbool verheven. Stadjes en steden geven genereus geld voor verzorging en onderhoud van bomen. Elke openbare boom staat genoteerd, heeft een nummer, en wordt aandachtig gevolgd. Boomchirurgen bekijken, onderzoeken en opereren waar nodig. Als een boom geluk heeft, zich netjes gedraagt, lang genoeg in leven blijft en elk jaar keurig zijn bladertooi aantrekt, kan hij de status van 'monument' verwerven. (De afgelopen jaren hebben meer dan 10.000 stammen deze rang bereikt.) Boomstichtingen en actiegroepen ten behoeve van bomen doen goede zaken. Zo is in het geval van een 130 jaar oude plataan in Leeuwarden die het veld moest ruimen voor een theater, bij zijn laatste rustplaats een uitvaartdienst gehouden waarbij bloemen werden gelegd. (Ongetwijfeld zal er in het theater een gedenkplaat voor de boom worden aangebracht, gemaakt van met zorg gekozen hout van een ander slachtoffer van onnadenkend kapwerk.)

De enige toegestane vorm van boommishandeling is die door een andere overbeschermde soort – de cloggie-kinderen (zie hoofdstuk 6). Opgewekt mishandelen, vertrappen en verminken zij de vegetatie, om zo vrijheid en éénwording met de natuur te ervaren.

Dit gezegd hebbend, komen we op die typische dubbele moraal van het cloggie-dom. Aan de ene kant exporteren ze complete bossen in de vorm van klompen, als symbool van hun land. Aan de andere kant hebben ze schoon genoeg van hun doffe klompen- en molensimago. Een conflict dat ook weer aan de orde kwam toen we aan ons boek begonnen, en een kritische vraag kregen van de Hollandse illustrator.

'Het wordt toch niet weer hetzelfde oude liedje? Zo'n boek waarin alle Nederlanders op klompen lopen en pornokiekjes van hun kinderen maken om te verkopen in Amerika?'

En dan vraag je je af, of op onze milieubewuste planeet deze *boomicide* tot instandhouding van tafelmolentjes-met-lampjes, klompen en Hindelooper dekenkisten nog wel verdedigbaar is. Nederland is na Japan de grootste importeur van tropisch hardhout (1991). Buitenlandse bossen zijn kennelijk minder heilig dan de Nederlandse nu de Nederlandse regering heeft besloten om de invoer van prachtige houtsoorten uit Latijns-Amerika geen beperkingen meer op te leggen.

UIERAARD

Het onderwerp 'koeien' is misschien niet helemaal op zijn plaats in dit hoofdstuk, maar het is wel belangrijk. Nog afgezien van hun aanzienlijke mestgift (zie hierboven), tellen cloggie-koeien vooral mee als de leveranciers van het hoofdbestanddeel van de Nederlandse zuivelindustrie. Zonder melk geen bekende voetbalkaasjes, geen grote, platte kazen, geen slagroom voor op hun unieke appeltaart, geen gecondenseerde koffiemelk en geen boter voor hun zogenaamde sandwiches (zie de hoofdstukken 11 en 17 voor meer over deze verrukkingen), nog afgezien van de gevolgen voor de exportmarkt. (Nederland voert meer zuivelprodukten uit dan welk ander land ook.) Zonder koeien zou het leven er tot stilstand komen.

Op welke wijze kunnen de cloggies de produktie van deze onmisbare grondstof vergroten? Door een revolutionaire ontwikkeling in het melkproces natuurlijk.

Een van de nieuwe melksystemen, MIROS (Melkrobotsysteem), gebruikt supersone trillingen om de spenen van de koe te vinden:

1. Als het beest de melkstal binnenloopt, wordt het door een zendertje aan de halsband geïdentificeerd.

2. Een computer gaat na wanneer deze koe voor het laatst melk heeft gegeven. Als het dier aan een volgende melkbeurt toe is, wordt het in de melkkooi vastgehouden.

3. Een robot lokaliseert met twee supersone stralen de uier waarna een rondgaande straal de spenen zoekt.

4. Als de spenen zijn gevonden, bevestigt een mechanische arm de kolven aan de spenen.

Een concurrerend systeem maakt gebruik van een computer waarin de maten van elke koe zijn opgeslagen (plaats, vorm en afmetingen van de uier, en de locatie van de spenen) voor het aanbrengen van de melkkolven.

In zijn algemeenheid past dit systeem precies bij de manier waarop Nederlanders iets aanpakken: efficiënt en kostenbesparend en rekening houdend met de vraag of het goed is voor 'Anna IV'. De koeien schijnen het systeem wel prettig te vinden omdat ze de vrijheid hebben om naar de stal te gaan als ze voelen dat hun uiers vol zijn. Als ze zijn afgemolken verlaten ze de melkbox dan ook met enige tegenzin.

Het ware te wensen dat een slimme cloggie het systeem aanpast aan de stedelijke omgeving teneinde de poepafgifte van honden in betere banen te leiden.

Hoofdstuk 6
Kinderen

'In twintig jaar heb ik niet één keer gezien dat een kind een lijfstraf onderging.'
Luca Dosi Delfini, Nederlands kunsthistoricus, *National Geographic,* 1986

Dit hoofdstuk gaat, anders dan de titel wellicht suggereert, niet zozeer over kinderen, maar wil eerder commentaar leveren op hun opvoeding. Al in de 17de eeuw waren buitenlandse bezoekers verbaasd en verontrust over de toegeeflijkheid die Nederlandse ouders tegenover hun kinderen tentoonspreidden. Ze verwennen ze en hebben die kunst sindsdien alleen maar verfijnd.

Beleefde en welopgevoede kinderen zijn een genoegen voor alle betrokkenen. Omdat ze tijdens hun bezigheden niet te veel aandacht opeisen, blijven ze voor buitenstaanders grotendeels onzichtbaar.

En er is de klassiek-moderne opvoeding tot vrije, onbeschofte, bedorven en verwende halfgodjes. Dit is de grootste categorie, die daarom nader commentaar behoeft.

KINDEREN MAKEN
De beste plaats om zwanger te zijn of geboren te worden is Holland: iedere cloggie-ouder zal u dat voorhouden. Vroedvrouwen en huisartsen worden zowel theoretisch als praktisch degelijk geschoold in de verloskunde. Meestal wordt een natuurlijke geboorte aangemoedigd, en thuis bevallen bevalt het best. Daar waar de bevalling plaatsvindt, hangt een mystieke sfeer van gezelligheid en intimiteit onder de aanwezigen. Alleen bossen bloemen worden, vreemd genoeg, niet toegelaten. Wanneer de nieuwgeborene eindelijk verschijnt, wordt die behandeld met uiterste liefde en zorg – misschien wel te veel.

Tijdens de eerste weken van zijn leven trekt er aan de baby en de moeder een schier ononderbroken stroom bezoekers voorbij: vrienden, bekenden, kraamverzorgsters, raadgeefsters en feliciteerders. De uitgeputte moeder wil alleen maar rust hebben en met haar pasgeborene alleen zijn, maar voelt zich verplicht zowel de baby als de indringers te verzorgen – en niet altijd in die volgorde. De verse ouders zijn (zoals alle cloggies) dol op cadeautjes, zodat ze de 'visite' terwille zijn en de cirkel gesloten is. Dit is voor de baby een van de eerste buitenbaarmoederlijke lessen in onafhankelijkheid, geven-en-nemen en opstandigheid.

HET OPVOEDEN VAN HOLLANDSE HOOGHEIDJES

De gulden regel is: laat ze hun gang gaan. Vrij om wat ze maar willen te ontdekken en te ondergaan. Vrij om creatief te zijn (vernielzuchtig), zonder rekening te houden met de anderen zolang die niet in levensgevaar komen. Ze moeten leren zelfstandig en opstandig te zijn en wel zo snel mogelijk.

'Tijdens al dit grootbrengen en opvoeden moet het kind niet te strak aan de teugel worden gehouden, doch dient het zijn kinderlijkheid te mogen uitleven, opdat we het tere kinderzieltje niet belasten met zware zaken en voortijdig zaaien in de nog onbewerkte akkers van het begrip.' (Jan van Beverwijck, 1656)

Spreek de drammerige dwergjes aan in babytaal totdat ze hun jeugd hebben afgerond (zo rond hun dertigste).

'Nederlandse gezinnen [in de zeventiende eeuw] schijnen er veel meer dan andere samenlevingen uit die tijd moeite mee te hebben gehad om hun greep op de jeugd prijs te geven.' (S. Schama, 1987)

Laat u, althans als er mensen bij zijn, kennen als gedegen opvoeder. Laat publiekelijk zien hoe u orders uitdeelt over wat mag en wat niet. De kleine zal onmiddellijk ongehoorzaam zijn om de houdbaarheid van de uitgevaardigde verboden te testen, waarna het engeltje verder eenvoudig wordt genegeerd, ook al vertoont het ernstige recidive.

Laat op bezoek bij een Hollands gezin alle hoop op een redelijk gesprek varen. Onvermijdelijk zal een kind met een grote muil

– tussen u en de gastheer (m/v) in gaan staan en vervolgens babbelend en dansend (op uw tenen) om aandacht smeken;

– zich tegen mama aandrukken, haar gezicht en haren aaien, of rondhangen op haar schoot en stompzinnige en overbodige vragen stellen;

– tussen u beiden in gaan zitten, u aanstaren en elke gezichtsuitdrukking en beweging nadoen.

Wanneer de moeder merkt dat u, vanwege het gedrag van haar kind, wilt vertrekken, zal ze met haar strengste stemgeluid het kind vertellen om weg te gaan en 'mama even te laten praten'. Het kind zal zich daar niet aan storen, tot het commando minstens drie keer herhaald is. Binnen vijf minuten komt het kind weer terug. Moeder zal dolblij zijn haar kleine snoepje terug te zien, alles is volkomen vergeten en vergeven.

Andere geliefde capriolen van Hollandse kinderen zijn gillen, schreeuwen, vechten, janken, de kamer rondrennen, met deuren slaan, over alle meubels klauteren, tegen je aan botsen, enzovoort, zodat ieder gesprek onmogelijk is.

Diezelfde houding vertonen ouders en hun kroost ook in het openbaar: in wachtkamers, onderweg, op school, op straat, in winkels en restaurants. Hoedt u boven alles voor het Bioscoopsyndroom, waarbij de gezamenlijke akelige trekjes van grote en kleine cloggies uitmonden in drie uur pure hel (zie hoofdstuk 7).

Twee moeders stappen de metro in, samen met vijf kleine kinderen. Een van de kinderen zit met haar smerige handjes aan de bovenkant van de tas van een meneer. Hij vraagt haar daarmee op te houden. De moeder, diep geschokt door 's mans gedrag, legt hem (uitvoerig) het belang van vrijheid voor kinderen uit. Terwijl ze nog immer haar kind staat te verdedigen, stopt de metro bij een halte, de deuren zwaaien open en een van de kinderen stapt uit. Deuren dicht, en de metro vertrekt. Op het moment dat die de metrobuis weer in rijdt, merkt moeder de vermissing op en trekt aan de noodrem. De zojuist vermaande medepassagier glimlacht en zegt: 'Maar dat kind probeerde alleen maar vríj te zijn...'

Een moeder en een vijfjarige lopen langs een aantal modelkeukens. Het kind wil er op af. Moeder zegt: 'Niet aan de kastdeuren zitten. Niet aan de keukenlaatjes zitten.' Het kind nadert een modelkeuken. 'Niet aankomen,' roept moeder. Het kind komt aan in de modelkeuken. Moeder, op weg naar de uitgang, roept in het voorbijgaan nog even: 'Hee! Hallo!' Het kind trekt intussen laden en deuren open, en moeder peinst er niet over haar kind te straffen voor diens ongehoorzaamheid, tevreden dat haar aanbedene vrijuit keukens ervaart.

In de supermarkt. Moeder is aan het afrekenen, haar kind ontdekt de plastic draagtassen van een dubbeltje die bij de kassa hangen. Het kind pakt een tas. Geen reactie van mams. Kind brengt moeder de plastic tas en zegt: 'Kijk mama, ik heb een tas voor je.'

Moeder verklaart: 'Dat mag niet.' Het kind negeert de moeder, de moeder negeert het kind. Terwijl moeder haar boodschappen inpakt, biedt het kind haar opnieuw de plastic tas aan. Moeder: 'Dat mag niet. Dat kost centjes! Daarom heeft mama haar eigen tas meegebracht.' Kind negeert de moeder en houdt de tas stevig beet. Moeder suggereert haar dat zij de tas niet kan houden. Het kind gaat huilen en laat de verfrommelde tas op de grond vallen. De moeder en het schreeuwende kind lopen weg. Tas blijft op de grond liggen. Geen van beiden doet een poging die terug te hangen.

ATTRIBUTEN
Tijdens de vertroetelperiode worden het kind op strategische wijze trainingsmiddelen toegespeeld. Het eerste, een bal, wordt overhandigd nog voordat de kunst van het

lopen wordt beheerst. Het tweede, een fiets, komt vlak daarna – rond hun derde jaar kunnen de meeste mini-cloggies al vaardig een tweewieler berijden. Vervolgens komt moeder met het mooiste cadeau (zowel voor haarzelf als voor het kind): de kleuterspeelzaal. Op elk moment tussen dertig maanden en vijf jaar kan het zover zijn. In diezelfde periode krijgen de kinderen ook hun eerste paar schaatsen uitgereikt, dat ieder jaar wordt vervangen.

In de daarop volgende schooljaren neemt hun wereldbeeld vorm aan. Ouders zijn vrij in de keus van de school voor hun kroost. Er kan gekozen worden voor traditioneel, voor filosofisch of religieus onderwijs. Tegenwoordig maakt het traditionele onderwijs de kinderen vooral 'maatschappelijk weerbaar'. Onderwijs gebaseerd op filosofie is er voor de progressieve ouders en wortelt in de drang tot vrije zelfexpressie (met alle te verwachten resultaten). Het christelijk onderwijs stelt ouders in staat hun kinderen uit de buurt te houden van Turken, Marokkanen, enzovoort (die islamitisch onderwijs volgen), zonder voor racist te worden aangezien.*

Het ministerie van Onderwijs heeft het verzoek om vrije dagen (snipperdagen) voor schoolgaande kinderen afgewezen. Deze zouden ouders meer gelegenheid moeten geven om bij hun kinderen te zijn. Men zou verwachten dat elke weldenkende ouder al meer dan genoeg heeft aan het aantal folterdagen dat hem nu reeds vergund is.

Na schooltijd en in de schoolvakanties nemen de kinderen van oudsher wraak voor elk onrecht, hoe klein ook, dat hun in hun ogen is aangedaan. In zijn wraakzucht heeft deze mini-mafia in het verleden een hele generatie gestraft met belletje trekken. Dit eeuwenoude kattekwaad is tegenwoordig vervangen door *zappen*, dat wil zeggen de verboden kunst van het over straat zwerven met een afstandsbediening en het van buitenaf wijzigen van volume, beeld-

---

* (Noot van de vertaler: zelf vernamen wij al eens uit het veld dat moslimse allochtonen in geval van ontbrekend islamitisch onderwijs juist de christelijke school prefereren boven de openbare. Beter iets dan niets geloven.)

kwaliteit of zender bij mensen die tv zitten te kijken. Toen de elektronica-multinational Philips werd geraadpleegd over een mogelijke remedie, verklaarde een woordvoerder van dat bedrijf: 'Die is er niet. Een tv-toestel is niet in staat om onderscheid te maken tussen gebruikers met goede en met slechte bedoelingen. Wij adviseren daarom het toestel in de woning op een plek te zetten waar het niet gevoelig is voor een dergelijk misbruik.'

Fijn hoor!

Wanneer het dagonderwijs er op zit, zijn de Hollanders degelijk voorbereid op werk of uitkering; zie hoofdstuk 9. Het vertroetelen door de ouders neemt af. Immers, de schoolverlaters beheersen hun babyrol inmiddels tot in de puntjes.

NEERLANDS HOOP

Nederland is sinds 1960 een verzorgingsstaat, en steeds minder Nederlandse kinderen groeien op met de vraag welk beroep ze later zullen gaan uitoefenen. Ze worden integendeel grootgebracht met de houding van 'er wordt toch wel voor me gezorgd'. En dat klopt. Zowel de overheid als de familie zorgen ervoor dat de kinderen hun sprookjesachtige onderzoekingstocht in dit leven eindeloos kunnen voortzetten.

Over twintig jaar zullen de hedendaagse vrijgevochten hordes, met hun bovenmenselijke kwaliteiten, de ruggegraat van het land vormen. Zij zullen de steunpilaren zijn van industrie, bankwezen en politiek. Hollandse kinderen, dat onzalig gebroed van overgeëmancipeerde moeders en te gul subsidiërende vaders, zullen dan het land regeren en beheersen. Zij staan aan het roer. *A classic case of Dutch Helm Disease!**

---

* (Noot van de vertaler: zorgvuldig werkt het origineel naar deze woordspeling toe. Helm = roer. Dutch Elm Disease = iepziekte.)

Hoofdstuk 7
De bioscoop

De bioscoopfilm is populair onder Hollanders. Hij sluit prachtig aan bij het syndroom van cultuurhonger en individuele expressie dat iedere zichzelf respecterende Hollander bij de geboorte opdoet. Helaas, hun ingeboren neiging tot te hoge eigendunk en te weinig respect voor derden leidt in de bioscoop tot het totaal verloederen van iedere vorm van medeleven. Als u in Holland een bioscoopfilm zou willen zien en horen, wacht dan tot de videoversie uitkomt. Maar als u een voorafje wilt krijgen van de ondergang van de beschaving (zoals wij die kennen), dan is een Hollandse bioscoop ideaal voor u.

GEDRAG

Voorschrift nummer één is dat u dient te giechelen, te kleppen, te boeren en zoveel mogelijk met uw snoeppapiertjes te kraken, om er zeker van te zijn dat niemand de film kan volgen. Als iemands aanwezigheid u stoort, bestook die persoon dan met uw lege flesjes en ander afval, onderwijl luide en beledigende opmerkingen makend.

Als de zaal niet helemaal vol is, kies dan een zitplaats recht voor andermans neus en zit zo rechtop mogelijk (bij voorkeur met een flinke hoed op) om het uitzicht maximaal te belemmeren. Nog beter: blijf continu verzitten.

Doe uw uiterste best om te laat te komen, zodat u zoveel mogelijk aanwezigen ongemak kunt bezorgen door hun blikveld te verduisteren en op hun tenen te stappen terwijl u naar een plaatsje zoekt. Heeft u een gedeelte van de film gemist, wendt u tot degene naast u en vraag die (hardop) om precies uit te leggen wat er gebeurd is.

PAUZE

De pauze geeft het bioscooppubliek even rust. Neem

deel aan de stormloop op de buffetten, voor de verplichte koffie (waarmee de relatief beschaafden hun kelen smeren), de frisdrank of het bier (waarmee de absoluut onbeschaafden hun strot masseren), of om de voorraad projectielen aan te vullen met nieuwe snoeppapiertjes enzovoort. De middelste rijen zullen in de pauze op hun plaats blijven zitten en zich opmaken voor een persoonlijke revanche. Aan het eind van de pauze laten de rokers terloops hun gloeiende peuken vallen in de overvolle prullenbakken, en alle personen boven de een meter zeventig dienen hun terugkeer uit te stellen tot de film weer begonnen is. Peins er niet over een gesprek voortijdig af te breken vanwege de film.

ONDERTITELING

Wat betreft ondertiteling: Hollanders nemen vooral het woord 'onder' (van 'onder de maat') ter harte, en blinken uit op hun gebruikelijke wijze.

Buitenlandse films worden vertoond in de originele taal, met Nederlandse ondertiteling. Veel films komen uit Engeland of Amerika. Wie Engels als moedertaal heeft, kan denken dat het vergelijken van wat hij hoort met wat eronder geschreven staat bevorderlijk zou zijn voor de kennis van het Nederlands. Hij vergist zich. De volgende regels zijn van toepassing:

– Maak stompzinnige fouten, dus zesennegentig als negenenzestig vertalen, of 1959 als 1995.

– Wanneer er humor vertaald moet worden, ontneem het publiek iedere kans om de grap te begrijpen.

– Laat het vertalen achterwege van woorden die er geschreven hetzelfde uitzien maar een verschillende betekenis hebben, zodat uitspraken als 'Oscar Wilde Met Lord Alfred' ongewijzigd worden weergegeven.*

* (Noot van de vertaler: Het voorbeeld van verwarring dat de schrijvers hier zelf geven is gift = poison in het Nederlands maar gift = present in het Engels. Niet het elegantste. Zie verder Battus, *Opperlandse Taal- en Letterkunde* en bladzijde 171 van dit boek.)

In 1992 werd een proef genomen met een nieuw soort bioscoop, de Riksbios. Voor het vorstelijke bedrag van ƒ 2,50 kon de klant een non-stopvoorstelling van de beste tien films van het afgelopen jaar gaan bekijken. Er waren geen begin- of eindtijden en het meebrengen van consumpties was toegestaan. Bioscoopreclame en pauzes ontbraken.

Hoofdstuk 8
Poen (De gulden zede)

Ze zijn zo zuinig dat ze eierschalen bewaren en houden daaraan vast uit geloof in het gezegde dat iets wat gerepareerd is langer meegaat dan iets dat nieuw is.

Owen Feltham, Londen, 1652

In zaken maken de Nederlanders de fout om te weinig te bieden en te veel te vragen.

George Canning tot Sir Charles Bagot, een Engelse minister, in Den Haag in 1826

Hoe organiseer je in Nederland een volkstelling? Laat een dubbeltje door de straat rollen.

Een gezegde luidt: '... veel wijze woorden beginnen als grap,' en hier leest u hoe waar dat is.

De Nederlandse munteenheid is de gulden, belachelijk afgekort tot Hfl of ƒ. Grotere bedragen (vanaf tien gulden) zijn idioot vormgegeven papiertjes, bedrukt in even idiote kleuren. Kleine bedragen zijn munten, met als kleinste het tien-centstuk (dubbeltje), dat ongeveer het formaat heeft van een overhemdknoop. De munt met de hoogste waarde is het vijf-guldenstuk. Het is niet het geld zelf dat het betoog in dit hoofdstuk provoceerde, maar de manier waarop het door de Hollandse bezitters aanbeden wordt.

KOOPJESJACHT

Hollanders slaan graag hun tijd stuk met kriskras winkelen, om hun voordeel te doen met aanbiedingen en koopjes. Ze trekken rustig twee uur extra uit om vijf cent op een blik bonen te kunnen besparen. Sommigen besteden zelfs meer aan vervoer dan zij met hun koopje verdienen.

Bij het kleren kopen grazen ze alle rekken af, panisch

op zoek naar een enigszins vuil of beschadigd artikel. Want zoiets geeft ze het recht om een korting te eisen. Vinden ze iets dergelijks, dan zullen ze het kopen, of het nu past of niet. Het ding kan altijd bewaard worden voor een verjaardag of tot de kinderen er groot genoeg voor zijn, of in reserve worden gehouden voor plotseling aankomen of afvallen.

In het grootste deel van Europa start de winteruitverkoop begin januari. In Holland pas eind januari. Dat voorkomt dat de Hollanders er toe worden verleid om Sinterklaas begin januari te vieren, om zo een paar guldens in hun zak te kunnen houden. Winteruitverkoop is in veel landen een gewelddadige gebeurtenis. De Hollandse versie is ronduit levensgevaarlijk.

Het hele jaar door zijn er aanbiedingen in overvloed: 'uitverkopen', 'acties' en 'aanbiedingen', 'reclame' (geadverteerde prijsaanbieding, niet te verwarren met reclameren = landwinnen, dan wel protesteren). Maar niets maakt zoveel los als de aankondiging 'Alles moet weg!'

Bij 'kortingen' geldt een doolhof van ingewikkelde en verwarrende regels. Een buitenlander zou het equivalent van een academische graad nodig hebben om het systeem in zijn voordeel te laten werken.

Hollanders schijnen met dat vermogen geboren te worden. Om de omvang van het probleem te schetsen: niet minder dan negentien verschillende soorten van korting stonden beschreven in het spoorboekje van 1985-1986.

OPENLUCHTMARKTEN
Ieder dorp, iedere stad in Holland heeft een menigte markten. Soms voor één of meer dagen, soms bijna continu. Regelmatig bezoek is voor iedere zich serieus nemende cloggie verplicht, omdat ze hier de beste koopjes vinden. Op de markt vind je mensen van allerlei slag, dus toeristen moeten er vooral heen:

– Om hun portemonnee te laten rollen (tenzij dat al in de tram gebeurd is).

– Om gewone Hollanders te zien lopen op hun beroemde houten schoeisel (klompen).

– Om drugs te kopen, gestolen goederen, goedkoop nep-antiek, en andere dubieuze handel.

– Om de lucht op te snuiven van rotte vis, weekgeworden groente en straatvuil.

– Om bekneld te raken in een eindeloze stoet inheemsen die zich met een slakkegang voortbeweegt.

De lokale bewoners maken voor de markt een uitzondering op hun schraperige inkoopbeleid. Ze zijn zelfs (tot op zekere hoogte) bereid iets meer te betalen als ze winkelen bij hun favoriete kraampje op hun favoriete markt. Die bedevaart wordt afgerond met een oeverloos verslag van hun ervaringen aan vrienden, buren, enzovoort. Dat is tevens de enige gelegenheid waarbij ze afzien van snieren en jammeren over prijzen.

TWEEDEHANDS HANDEL

Wanneer u adverteert met tweedehands goederen, reken dan op aanzienlijke tijdverspilling door allerlei langdurige telefoongesprekken. Uitgebreid wordt navraag gedaan naar ieder denkbaar detail van de te koop aangeboden waar. Zelfs als het al verkocht is, zullen de bellers alle details willen vernemen, om uit te vinden of ze een goede koop hebben gemist.

De vraagprijs te krijgen is een hele kunst want, zoals Simon Schama het formuleert als hij nadenkt over de handel in de Gouden Eeuw: 'Als het bij voorbeeld om het nakomen van afspraken gaat, zijn ze zo glibberig als de aal die ze net op hebben.' Wij bieden u de volgende richtlijnen:

– Breng ze uit balans, sla toe voor zij het doen. Al bij het betreden van uw woning maakt de verhoopte koper een snelle inventaris op, op zoek naar een gespreksonderwerp dat in zijn kraam te pas komt. Het gesprek dat vervolgens ontstaat moet u rijp maken voor de 'zoveel kan ik niet betalen'-toespraak.

– Toon karakter. Neem het onverbiddelijke standpunt in dat de vraagprijs de enige juiste prijs is. Negeer het argument dat hetzelfde ding voor minder te koop is op de

plaatselijke markt. Want als dat waar was, zou de belang-
stellende koper geen cent verspild hebben aan bellen en
langskomen.

– Wisselstrategieën. Iedere echte cloggie zal zijn geld
tactisch over het lichaam hebben verspreid. Stel dat de
vraagprijs veertig gulden was, dan verloopt een geslaagde
transactie als volgt: Eén broekzak of lichaamsholte bevat
dertig gulden, een andere tien en een derde honderd gulden
of meer.

Nadat de prijs is overeengekomen (veertig gulden), haalt
de koper drie tientjes te voorschijn, graait wat rond, en
ontdekt het biljet van honderd, maar neemt aan dat u daarvoor geen wisselgeld hebt. Dit lijkt het beslissende moment te worden. Gaat de koop niet door als u de vaste
prijs handhaaft, of bluft u mee?

U bluft mee. Na nog wat graaien, vol tegenzin, komt
er een verfrommeld tientje voor de dag. U bent blij de
volle prijs te vangen. De koper is tevreden dat hij u flink
heeft laten zweten voor uw geld.

TANKEN VOOR HANDDOEKEN

Wanneer Hollanders benzine kopen, gooien ze de tank
niet vol: ze kopen veelvouden van vijf liter. Voor iedere
aangeschafte vijf liter krijg je spaarzegels (*saving stamps*).
Het zomaar volgieten van de tank kan, over een paar maanden gezien, een verlies opleveren van twee of drie zegels.
Een volle spaarkaart (met ongeveer veertig zegels) kan in-
geruild worden voor de tegenwaarde van 3,33 liter benzine. Of, naar keus, voor een exclusief (lees: zinloos) ge-
schenk.

BOETES

Van bekeuringen hebben keurige mensen geen last. Holland kent een verfijnd systeem van boetes voor kleine mis-
drijven, variërend van fout parkeren tot illegale grensover-
schrijding. Wanneer u op Schiphol ziet dat aankomende
reizigers bij de douane worden ondervraagd door de politie, vermoedt u waarschijnlijk dat er drugs in het spel zijn.
Fout. Een grote kans dat ze tijdens hun vorig verblijf vergeten zijn een parkeerbon te voldoen.

Betaal uw parkeerbonnen als u ooit nog eens naar Holland terug wilt! Wanneer u dat niet doet en later het land weer in probeert te komen, loopt u een groot risico om aan de grens door de politie te worden vastgezet. Zij zullen eisen dat u de boete voldoet, zelfs al is die van jaren her, plus een extra boete.

Hetzelfde gebeurt wanneer u per ongeluk uw laatste reinigingsheffing niet betaalt of wanneer u in het buitenland was terwijl uw verblijfsvergunning verliep. Bij poging tot terugkeer zult u waarschijnlijk afgevoerd worden naar de 'uitleg-ruimte'. De betalingen achteraf zijn voor de overheid een excuus voor de inzet van hightech spullen als computers, multi-kanaal versterkte, breedbandige mobilofoons, enzovoort.

BANKEN

De banken werken over het algemeen efficiënt en professioneel. Hoe kan het ook anders, we zijn in Holland. Persoonlijke ervaring leert dat afschrijvingen binnen een dag geregeld zijn, maar dat bijschrijvingen pas na zeven dagen binnenkomen.

Vanwege het Hollandse talent voor Ordelijke Rijvorming delen bankfilialen nummertjes uit zodra er in totaal één of meer klanten aanwezig zijn. Bijkomend voordeel is dat de bank daarmee ontsnapt aan ieder mogelijk verwijt van nalatigheid, seksisme, fascisme en racisme.

Loketpersoneel staat het vrij om zo onbehulpzaam mogelijk te zijn.

'Mag ik een overschrijvingsformulier?'
'Nee.'
'Waarom niet?'
'Wij verstrekken geen blanco overschrijvingsformulieren meer.'
(Juist. Vanaf dit moment besluit u het spel volgens hún regels te spelen!)
'Als u de gegevens er nu vast optypt, en mij vervolgens het formulier meegeeft?'
'Ja hoor, dat kan.'

In één opzicht is het bankpersoneel wel zeer behulpzaam: ze verstrekken vrolijk allerlei privé-gegevens (zoals uw huidige banksaldo) aan eenieder binnen gehoorsafstand. Ook hier zegeviert de befaamde Hollandse Openheid.

SPORT, SPEL EN KNIKKERS

Hollanders zijn dol op sportieve activiteiten, zolang de kosten maar niet te hoog zijn.

Op skivakantie zullen ze na de allereerste les heuvels per se zigzaggend willen afdalen. Ze hebben moeten betalen voor het vervoer omhoog en willen dus het uiterste uit de afdaling halen.

Bij het vissen gebruiken ze angstvallig twee hengels: hun visvergunning staat maximaal twee hengels toe. Met minder vissen is zonde van het geld: de rentabiliteit van de investering zou worden aangetast.

De wet van de Zielkundige Compensatie voorspelt al dat Hollanders dol zijn op bergbeklimmen. Bij gebrek aan natuurlijke mogelijkheden daartoe behelpen ze zich met het bestijgen van kunstmatige barrières, zoals de zijmuren van een voetgangerstunnel bij het Amsterdamse Amstel Station. Dat is gratis, omdat de muren voor een ander doel zijn aangelegd. Ze vormen nu een prima trainingsfaciliteit, want zoals iedereen weet heeft twintigste-eeuw architectuur veel gemeen met de sneeuwbedekte toppen van Alpen en Himalaya.

Voetbal is de nationale sport van de cloggies. Zonder waarschuwing vervallen tv-programma's om plaats te maken voor wedstrijden. Wanneer hun team de cup wint, wordt de hele stad dronken. Als hun team verliest, wordt de hele stad dronken.

Schaatsen is een andere razend populaire sport, wat vooral komt doordat iedereen gratis mag schaatsen op de talloze vaarten, sloten en andere waterwegen.

Personal Computers zijn in de hele westerse wereld een amusementsrage. Na jaren van – typerend – verzet (zie Hoofdstuk 3) gaven de Hollanders zich uiteindelijk aan dit genot over. Elektronische bibliotheken, de zogeheten Bulletin Boards, verbinden via de telefoon fanatieke gebruikers uit heel Noord-Amerika en West-Europa (en elders) met lokale bibliotheken, die Nodes heten. Een van de populairste netwerken is 'FidoNet', en dat vermeldde op haar overzicht van november 1987:

Italië (54,5 miljoen inw.) – 26 Nodes
West-Duitsland (60 miljoen inw.) – 26 Nodes
Groot-Brittannië (55,5 miljoen inw.) – 67 Nodes
Nederland (14,4 miljoen inw.) – 104 Nodes

De reden voor dit overweldigend succes van de computersport in Nederland is misschien dat je via Bulletin Boards kunt komen aan programma's, spelletjes, informatie, en dat alles geheel gratis. Iets wat de Hollandse massa van computerverslaafden aanspreekt tot in het diepst van haar ziel.

De meest onsmakelijke kant van de Hollandse *Guilder-Builder*-mentaliteit toont zich wanneer het noodlot toeslaat. Juist bij Hollandse begrafenissen treedt een meedogenloze geldzucht aan het licht. De diepbedroefde echtgenoot of ouder moet zeer beducht zijn voor op woekerwinst beluste begrafenisondernemers. Mocht u ooit in zo'n droeve situatie belanden, roep de hulp van een cloggie in. Hij of zij zal u behoeden voor:

– peperduur bloemsierwerk (een normaal, goedkoop bosje bloemen kost opeens twee, drie keer zoveel wanneer het om een begrafenis gaat);

– peperdure koffie (terwijl u alleen denkt aan het respectvol en liefdevol afscheid nemen van een geliefde, gaat uw assistent een discussie aan met de begrafenisondernemer over zijn vraagprijs per persoon van koffie en cake, in vergelijking met het dichtstbijzijnde café);

– onzinnige extra uitgaven voor ingeblikte muziek, in geval u vermoedt dat daar toch niemand naar luistert.

Na afloop verzamelt de hele stoet zich in de woning van een naaste verwant om een nietsontziend en dronken gevecht aan te gaan over de verdeling van de buit.

In 1991 is er een revolutionair amendement op de wet op de lijkbezorging aangenomen: bij crematies en begrafenissen mag het lijk ongekist worden aangeleverd. De heftigste kritiek kwam (natuurlijk) van de uitvaartverzorgers, die gruwden bij het vooruitzicht dat hun belangrijkste prijsopdrijver zou wegvallen:

'Het is prachtig dat de wetgever de minderheden ter wille wil zijn, maar er wordt geen rekening gehouden met het crematoriumpersoneel en wat het voor hen betekent om een ongekist lijk te moeten verbranden: een lichaam dat in brand vliegt is geen prettig gezicht!'

Een Hoofd Begraafplaatsen jammerde: 'Je kunt toch niet alleen maar een laken over het lichaam gooien?' Maar toen bedacht hij: 'Misschien kunnen we ze op een plank leggen!'

Als hij wordt beschuldigd van gruwelijke gierigheid zal de doorsnee-cloggie CALVINISME! opvoeren als uiteindelijke oorzaak en doorgaan met het preken van de gulden zede. Er wordt geen enkele poging gedaan om onder deze archaïsche morele afspraak uit te komen. Dit is waarschijnlijk het enige voorbeeld van Nederlanders die een principe zoals predestinatie accepteren zonder kritische vragen te stellen of te protesteren. En waarom zouden ze ook? De portemonnee vaart er wel bij.

De Nederlandse versie van het calvinisme houdt in dat je: – elke cent die je hebt bewaakt, en vecht voor elke cent die je kunt verdienen;

– je rijkdom tegenover iedereen die ernaar vraagt ontkent, verbergt of goedpraat;

– te allen tijde zegt dat je arm bent.

Dat heeft niets te maken met de oorspronkelijke leer die zegt: 'Om te leren zichzelf aan God te onderwerpen, dienen ze eerst van hun rijkdommen te worden ontdaan.'

Probeer de volgende voorbeelden als u ooit de pech hebt zich genoodzaakt te zien ze te gebruiken:

1. Als u dure kleren heeft moeten kopen, praat dan nooit over de kwaliteit maar vermeldt dat ze een koopje waren, zodat de kleren minder duur lijken dan ze zijn.

2. Maakt er iemand een opmerking over de in het oog springende luxe van uw onderkomen, zeg dan: 'Ja, 't is eigenlijk een beetje te groot en luxueus voor ons. Als we hadden geweten hoe duur het is, hadden we beslist iets eenvoudigers gekocht.'

3. Als u een grote partij geeft, vraagt u uw gasten om een bijdrage voor de koffie alsof het galafeest eigenlijk te begrotelijk voor u is.

4. Gaat u mee op een cruise, steek uw lidmaatschap van de Club van Lawaaipapegaaien dan niet onder stoelen of banken en laat merken dat u boven de regels van fatsoen en etiquette staat.

5. Bent u terug van de cruise, kanker dan naar hartelust op onbetekenende details zodat men de indruk krijgt dat u met een goedkoop reisje bent meegeweest.

Hoofdstuk 9
Uitkering (De Hollandse Arbeidsmoraal)

'Wij vinden dat je mensen een basisloon moet geven, en hen moet laten kiezen of ze willen werken of niet.'

Gerrit Jan Wolffensperger, jarenlang Amsterdams gemeenteraadslid

Wanneer u er in de Nederlandse maatschappij echt bij wilt horen, heeft u op z'n minst één type uitkering nodig.*

Het vragen om geldelijke steun en daar de vruchten van plukken, is geen publieke schande – het is een recht.

In 1986 leefde een kwart van de Amsterdamse bevolking van een uitkering. De ambtenaren wier taak in dit leven het is u een uitkering toe te wijzen, bieden alle benodigde hulp en steun en laten u desnoods uw aanvraag opnieuw invullen om aan een maximaal bedrag te komen. Als het antwoord JA leidde tot afwijzing, kruis dan NEE aan, zo zal de sociaalwerker u aanraden.

HET SYSTEEM I - METHODOLOGIE

Om aan een uitkering te komen hoef je in wezen maar één ding te doen: bereid zijn om keer op keer frustrerende en lange uren door te brengen in een trieste, ongeventileerde wachtkamer. De voordelen van het uitkeringensysteem zijn:

– Het doodt iedere werklust. Voor de Hollandse jeugd een uitstekende training.

– Het geeft de Nederlandse overheid een excuus voor zo'n beetje de hoogste belastingtarieven ter wereld.

* (Noot van de vertaler: de schrijvers vermelden dat 'uitkering' uitgesproken dient te worden als *out-caring*.)

– Het trekt duizenden buitenlanders aan, vooral Turken en Marokkanen (zodat de Hollanders kunnen bewijzen dat ze niet discrimineren).

– Het moedigt degenen die wel willen werken aan om dat illegaal te doen, als aanvulling op hun inkomen. Dit wordt 'zwart' werk genoemd door hen die zich ermee bezighouden, en 'witte' fraude door de sociale dienst. Wees voorzichtig met gebruik van deze termen tegenover wildvreemden.

– Het zorgt ervoor dat wie toch wil werken dat zwart zal doen, als aanvulling op de uitkering.

– Het moedigt velen aan om buitenslands te gaan wonen, met behoud van uitkering, op kosten van de belastingbetaler.

Hoewel het Hollandse systeem van sociale voorzieningen een van de meest omvattende ter wereld is, de gezondheidszorg van grote klasse is en het land geen echte armoede kent, zijn de inheemsen nog immer ontevreden: ze willen meer. En alles gratis. Veel vrouwen, jongeren en buitenlanders scharen zich achter het motto 'Bijstand Mis$tand'.

Anderen nemen dat motto over om aan te geven dat ze tegen het sociale systeem zijn dat mensen afhankelijk maakt en daardoor leidt tot 'kapitalistiese onderdrukking'. De kern van de zaak is dat de Nederlanders het onderling niet eens kunnen worden over de betekenis van deze slogan.

In enkele steden krijgen de cliënten van de sociale dienst elke maand een gratis krantje waarin staat op welke nieuwe uitkeringen ze recht hebben, met vermelding van plaats en tijd waar een en ander wordt toegelicht. En men vertelt hun hoe ze het onderste uit de kan kunnen halen.

Ondanks de misstanden is het systeem echt een vangnet voor maatschappelijk achtergeblevenen, chronisch zieken, ouderen en kinderen, en op een veel betere en menselijker manier dan de zogenaamde sociale voorzieningen (*social security programmes*) waarop veel andere westerse landen zich laten voorstaan.

Ondanks de lokroep van de meer dan behoorlijke werk-loosheidsuitkering zijn er mensen die willen werken. De bedoeling is om drie maanden lang een goede indruk op de werkgever te maken, waarna het voor hem praktisch onmogelijk wordt jou te ontslaan. Zie verderop.

Tijdens de proefperiode zal het frustrerende gebrek aan inzet bij je collega's je zeker tegen gaan staan. Maar zodra jouw proefperiode achter de rug is, neemt het werkende bestaan een nieuwe wending. Je hoort erbij. Je kan je nu gaan concentreren op de sociale kanten van het werk. Werk wordt een onderbreking van de koffiepauzes. Een discussie van twee uur over het nut van een opdracht van de baas krijgt voorrang boven de vijf minuten die het uitvoeren van die opdracht zou kosten. De verjaardag van een collega heeft topprioriteit: een prachtig excuus voor het houden van een collecte, het kopen van feestelijke versierselen en het organiseren van de onontkoombare 'surprise' party. Jouw taak als jarige is te zorgen voor eetbaar lekkers. Het feest vindt, uiteraard, plaats in de baas z'n tijd. Probeert u zich nu eens voor te stellen wat bij voorbeeld de Olympische Spelen in Nederland teweegbrengen.

Op tijd komen is in Nederland geen gewetenszaak meer. En de oude volkswijsheid 'Zoals het klokje thuis tikt, tikt het nergens' heeft een heel nieuwe betekenis gekregen.

ONTSLAG: MISLUKKING OF SUCCES?

Een werkgever hoort jou, in geval van wangedrag, een 'redelijk aantal' mondelinge waarschuwingen te geven – hoeveel precies is niet vastgelegd. Dan moeten er drie waarschuwingen op schrift volgen, bij verschillende gelegenheden. Die gelden alleen als jij – de beklaagde – hun ontvangst schriftelijk bevestigt. Zonder die bevestiging van jouw kant gaat de zaak naar een commissie.

Ondertekend door jou wordt het dossier voorgelegd aan het plaatselijke arbeidsbureau, met het oog op jouw mogelijk ontslag. Het woord 'mogelijk' is hier zeer op zijn plaats. Want mochten de autoriteiten jouw ontslag goedkeuren, dan kom je automatisch in aanmerking voor een uitkering. Een werkloosheidsuitkering is standaard zeventig procent van je laatstgenoten salaris, betaald door diezelfde autoriteiten. Gezien de Hollandse schraapzucht ligt het dus voor de hand dat de autoriteiten liever geen ontslag toestaan.

Als hij werkt, hoeft een werknemer niet bang te zijn dat hij wordt ontslagen. Hij kan in feite doen wat hij wil. Heeft hij een hekel aan bepaald werk, dan kan hij dat weigeren. Als de voorman na een paar dagen of weken vraagt hoe de werkzaamheden verlopen, reageert de werknemer op de gangbare wijze door zijn schouders op te halen en een sissend 'Tja . . .' te laten horen.

Het kan gebeuren dat u door uw werk gestressed raakt. Een zeer geliefde tactiek, die altijd succes heeft, is een zenuwcrisis krijgen en enkele maanden (betaald) ziekteverlof nemen. Als u weer terugkomt, laat uw baas u ofwel harder werken om de verloren tijd in te halen, zodat u opnieuw in de stress schiet, ofwel hij verzoekt u om ontslag te nemen. Na enige onderhandelingen wordt een regeling getroffen waarbij uw verdwijning wordt beloond met een gouden handdruk die evenwel zo wordt ingekleed dat uw uitkering er niet door in gevaar komt.

Kortom, het is voor u in Holland prettig werken!

SUBSIDIES

Ruimhartige subsidies van allerlei soort zijn beschikbaar. De meest alledaagse is de huursubsidie. Gemeengoed zijn ook studiebeurzen en werkbeurzen, die zich ook tot de kunsten uitstrekken. Vaak worden kandidaat-kunstenaars financieel gestimuleerd doordat het Rijk een van hun werken aanschaft. Een groot aantal van die werken hangt in menig openbaar gebouw zodat het belastingbetalende klootjesvolk er naar hartelust van kan genieten. De rest (veruit het grootste deel) verdwijnt in de opslag. Intussen bidden de makers elke dag dat hun werk over enkele decennia de status van meesterwerk mag krijgen. In 1973 kreeg een psychiater, die beweerde dat hij een kunstwerk was, subsidie om zichzelf in een museum op een voetstuk te zetten. We hopen maar dat hij tevens in diverse openbare gebouwen is opgehangen.

Iemands leven speelt zich in hoofdzaak af rond het aantal en soort subsidies dat hij ontvangt. Uitkeringstrekkers wegen zorgvuldig de financiële gevolgen af van het accepteren van een volledige of part-time baan. Want werken verlaagt of beëindigt hun uitkeringen en subsidies.

VAKANTIEGELD

Ieder door het sociale systeem erkend individu, met of zonder baan, bankdirecteur of straatveger, heeft recht op vijfentwintig vakantiedagen per jaar.* Dat mag wat al te genereus lijken, maar bedenk dat een groot deel van het vakantiegeld door het jaar heen op het loon wordt ingehouden en voor de vakantie, samen met een bijdrage van de baas, wordt uitbetaald, nadat de belasting eroverheen is gegaan. Ze staan de zuinige Hollanders dus vier weken vakantie toe, maar betalen maar de helft – een klassiek voorbeeld van *Going Dutch* (zie ook de lijst met uitdrukkingen op bladzijde 171). En weer zijn het de uitkeringstrekkers die winnen, want zij krijgen boven op hun maandgeld vakantiegeld voor wél vier weken per jaar.

Ziekteverlof is weer een andere manier om aan een maximale uitkering te komen. Wanneer je je ziek meldt, komen ongeveer eens per week controleurs langs om te kijken of je inderdaad thuis bent en echt ziek. Maar die bezoeken zijn alleen toegestaan op vaste uren (maandag tot en met vrijdag, 's morgens tot tien uur en 's middags tussen twaalf uur en half drie), tijdens de eerste drie weken van de ziekte. Dat geeft de ernstig zieke net genoeg speelruimte om de eerste levensbehoeften in te kopen, zoals bloemen en koffie, zonder dat de uitkering bedreigd wordt.

---

* (Noot van de vertaler: in de USA zijn tien vakantiedagen per jaar, kerst enzovoort inbegrepen, zeer normaal. Europa doen in tien dagen is dan ook geen geestesziekte, maar een bittere noodzaak voor de meeste werkende Amerikanen.)

Uitgaande van de cijfers van het jaar '92 heeft bovenge-noemde 'redenering' de volgende consequenties:

– In 2005 zullen er meer mensen zijn die een uitkering krijgen dan mensen die werken (ministerie van Sociale Za-ken).

– Tussen de 50.000 tot 90.000 van de legale inwoners heeft geen ziektekostenverzekering.

– In 1991 stonden meer dan 900.000 Nederlanders ge-registreerd als arbeidsongeschikt (uitkeringen aan arbeids-ongeschikten vallen zo ongeveer het hoogst uit).

– Nederland heeft relatief gezien meer part-time banen dan de rest van de westerse wereld.

Hoofdstuk 10
Met wie? (Identificeren en telefoneren)

OFFICIËLE DOCUMENTEN

Als u langer dan een paar dagen in Holland blijft, zal u ongetwijfeld de verbijsterende Hollandse obsessie met parafen opvallen: het woord paraaf duikt op ieder Hollands document op. Een Hollandse paraaf (tekenen met initialen) bestaat uit een of meer grove, onleesbare krabbels, die er vooral voor moeten zorgen dat alleen de ondertekenaar weet wie er ondertekend heeft. De volledige handtekening is even raadselachtig als de initialen en neemt alleen meer ruimte in. Of nu paraaf of handtekening gezet wordt, het gedurfd neerkalken van een wilde krabbel toont honderd procent zeker aan dat iemand Hollander is. Even belangrijk op sommige documenten is het stempel. Terwijl sommige stukken alleen een paraaf behoeven, vereisen andere paraaf plus handtekening en nog weer andere een stempel. Ook combinaties van stempel en paraaf, of van stempel en handtekening zijn populair.

DATUM EN PLAATS

Bij de overige onmisbare ingrediënten van een officieel Hollands document vinden wij datum en plaats, hoewel die plaats eenvoudig vals kan worden opgegeven, en er sowieso niet toe doet.

I.D.-OLOGIE (OVER LEGITIMATIE)

Wanneer Hollanders tegen u blaffen: 'Legitimatie', zijn ze voor één keer niet onbeleefd: ze wroeten niet in uw familiegeschiedenis of afstamming. De kreet is onschuldig en betekent 'identificeer uzelf'.*

---

* (Noot van de vertaler: Een *illegitimate child* is een bastaard. 'Legitimatie!' klinkt voor een Amerikaan ongeveer als: 'Bewijs dat u een echt kind bent!')

Voor het krijgen van een Hollandse verblijfskaart, verstrekt aan buitenlanders die legaal in het land verblijven, zijn een waterdichte legitimatie en omstandige uitleg nodig. Toch geldt zo'n kaart bij andere gelegenheden niet als legitimatie, ook niet bij het postkantoor, hoewel jouw naam erop staat, geboortedatum, foto, handtekening, nationaliteit, geboorteplaats, vreemdelingennummer, dit alles bevestigd door twee stempels en een officiële handtekening van een bevoegd medewerker der vreemdelingenpolitie.* Er is op de kaart ruimte over voor 'aantekeningen', en iedere aantekening krijgt een dagtekening, stempel en paraaf van een politieman.

DE KENNISMAKING

Wanneer u een Hollands persoon voor het eerst ontmoet, wordt door beide partijen een onverstaanbare naam gemummeld. Internationaal geteste openers als 'How do you do', 'Pleased to meet you' enzovoort worden niet gebruikt. Vertoon bij het kennismaken een lege blik. Vermijd oogcontact.

Manueel contact, 'handen geven' genoemd**, bestaat uit een nerveus, vochtig en slap kneden (zie hoofdstuk 14). De gezichtsuitdrukking daarbij verraadt verveling en onverschilligheid.

TELEFOONMANIEREN

Als je in Holland de telefoon aanneemt, behoor je iedere keer je naam te zeggen. Doe je dat niet, dan zal de andere kant ofwel stilvallen, of willen weten wie jij bent alvorens hij (m/v) iets zal zeggen. Het schijnt voor cloggies onmogelijk te zijn enig telefoongesprek te voeren zonder jouw naam te weten.

* (Noot van de vertaler: zo kun je ook mede dank zij de pincode in het postkantoor honderden guldens opnemen, maar een aangetekend briefje ter waarde van ƒ 0,– krijgen in ruil voor diezelfde pincode is er niet bij.)

** (Noot van de vertaler: 'Give me a hand' betekent in het Anglo-Amerikaans: 'Help me even'.)

'Kan ik meneer van Doorn spreken?'
'Hoe is uw naam?'
'John Smith.'
(botweg) 'De centrale is gesloten. Bel later maar terug.'
'Kan ik mijn naam achterlaten of een boodschap?'
'Nee.'

Veel Hollanders lijden aan telefoonfobie. De symptomen daarvan zijn angst en extreme nervositeit bij het behandelen van zowel inkomende als uitgaande telefoontjes. De Hollanders zelf hebben geen verklaring voor hun telefoonvrees, maar geven toe dat het niet ongebruikelijk is dat zwakkeren van gestel bij het rinkelen van de telefoon een hartaanval krijgen. Een antwoordapparaat maakt het nog erger, niet in het minst door het woord voor het bijbehorende ziektebeeld: *telefoonbeantwoorderapparaatvrees.*

Een van de oorzaken van die telefoonvrees is misschien de angstige zekerheid, diep in het onderbewuste, van wat er gebeurt zodra je een bedrijf of overheidsinstelling belt. Wie daar informatie probeert los te krijgen, wordt steevast naar een ander nummer verwezen. Na vier of vijf frustrerende telefoontjes, en het steeds weer uitleggen wie je bent en wat je wilt, heb je misschien het geluk bij de goede afdeling te belanden.

De aangeboren paranoia zal nog toenemen nu de PTT van plan is om de abonnees er nog duidelijker op te wijzen dat ze kunnen worden afgeluisterd. In telefoonboeken en op telefoonnota's wordt het publiek er binnenkort op gewezen dat de gesprekken afgeluisterd kunnen worden. Het autotelefoonnet, dat elektronisch gesproken helemaal zo lek als een vergiet is, zou moeten worden voorzien van een meldtekst die bij elk inkomend telefoontje een waarschuwing laat horen.* George Orwell zou genoten hebben.

---

* (Noot van de vertaler. Uit een onderzoek door de PTT zou zijn gebleken dat de consument niet gediend is van zo'n waarschuwing. (NRC *Handelsblad* 21/01/93))

Als je niet weet welk toestel en welke afdeling je moet hebben, ben je genoodzaakt uitvoerig aan de telefoniste uit te leggen waarom je belt en waarom je juist hen belt. Wanneer je bij het belangrijkste gedeelte van je uitleg bent aangekomen, zal de telefoniste, die absoluut niet snapt waar je het in godsnaam over hebt:

– ophangen, of

– je doorverbinden met een (naar het lijkt) willekeurig geprikt toestel. Als daar wordt opgenomen, dien je je hele verhaal opnieuw te doen, en nog eens, en nog eens...

Wanneer u de politie belt, reken op een lange wachttijd voor er iemand opneemt. Bied de inbreker of moordenaar in uw huis een kopje koffie aan om hem kalm te houden, terwijl u wacht tot de politie eindelijk de hoorn van de haak zal pakken.

Om het brede publiek over haar telefoonvrees heen te helpen, staan overal in het land op goed bereikbare plaatsen luxe telefooncellen. Deze bouwsels zijn niet zozeer opgericht voor het plegen van telefoontjes, maar voor het therapeutisch beoefenen van vandalisme voor gevorderden. Overdag mag bij voorbeeld de telefoongids vernietigd worden en vervangen door graffiti, binnen en buiten, van de vloer tot aan het plafond. Wanneer de duisternis intreedt, en iedereen genoeg tijd heeft gehad om de graffiti te lezen, mogen alle breekbare onderdelen, zoals het glas en het telefoontoestel, te lijf worden gegaan. In het weekend mag de cel worden platgebrand.

Hoofdstuk 11
De Nationale Hartstocht

'Dit is een zelfregulerende maatschappij: hij wordt niet bestuurd met bevelen van boven af. We laten de mensen zoveel mogelijk zichzelf zijn. Sommigen noemen dat anarchie: wij noemen dat beschaving.'

Klaas de Vries, socialistisch lid van de Tweede Kamer

'De Hollandse hang naar originaliteit leidt vaak tot de grootst mogelijke nonsens...'

Han Lammers, Commissaris van de Koningin van Flevoland, 1987

De Hollanders mogen zich graag inzetten voor de goede zaak. Ze tonen hun gedrevenheid met demonstraties, rellen, debatten, discussies en met de onvermijdelijke geldinzamelingen. De gemeenschappelijke noemer van dit alles: protest.

Wanneer het ego van onze zachtmoedige pacifisten gekwetst wordt, of als iets ze niet bevalt, schakelen ze instinctief over op agressie in woord en gebaar. (Ze zoeken zelden hun toevlucht tot fysiek geweld omdat een dergelijke handelwijze door de gehele bevolking ten zeerste wordt afgekeurd.) En ze krijgen hun zin. Vaker dan in enig ander land. Maar het is nooit genoeg. Er is altijd méér om over te jeremiëren. Die nimmer eindigende cyclus van confrontatie en afgedwongen verandering heeft geleid tot het kortwieken van de rijken en machtigen. Als gevolg daarvan is het klassenonderscheid zeer gering. De filosofie achter dit alles zou kunnen zijn:

– Wij haten iedereen die ons vertelt wat te doen.
– Zet een grote bek op! (Dikwijls worden politici en gewapende wetsdienaren verlamd door de gedachte dat 'het publiek zoiets niet zou pikken'.)
– Trek je nergens iets van aan.

Zelfs in afgelegen gebieden, waar de zeden onwrikbaar zijn en de regels streng, worden de voorschriften soms getrotseerd. In Staphorst, waar een taboe rust op inenting, lieten tijdens een polio-epidemie in 1971 de meeste ouders hun kinderen toch inenten.

De favoriete manier van zelfexpressie is het slaken van (quasi-) diepzinnige strijdkreten. Die nemen vaak de vorm aan van meelijwekkend onsubtiele lyriek, zoals 'Geen woning, geen kroning' (ter gelegenheid van de kroning van koningin Beatrix in 1980), of 'Wonen, niet Spelen', toen Amsterdam kandidaat stond voor de Olympische Spelen van 1992.

Op diverse manieren wordt dit soort slogans aan de man gebracht:

– Graffiti. Graffiti is een middel om de boodschap onder het volk te brengen, en wordt overvloedig aangetroffen op plaatsen waar menigtes zich verzamelen: stations, kerkmuren en telefooncellen zijn populaire uithangborden.

– Spandoeken. Meestal van oude beddelakens, beschreven met verf, hangend uit de ramen of aan de dakrand van het hoofdkwartier (dan wel de woning) van de demonstranten, op de dag van het protest. Het spandoek blijft daarna hangen en rot langzaam weg, als symbool van vrijheid en als geheugensteun voor niet-geïnteresseerden.

– Promotionele t-shirts. Daarop staan over het algemeen de wat tuttiger mededelingen, zoals voor de Olympische Spelen van 1992 de Engelstalige slogan: *Holland wants the world to win.* (Nederland en de wereld verloren: de Spelen van '92 werden elders gehouden.)

– Buttons. Met daarop de afgesproken strijdkreet voor de goede zaak, het ontwerp met de hand uitgevoerd, vaak ook met een nogal primitieve cartoon of stuntelig logo. Het is niet ongewoon om een borst aan te treffen die integraal is behangen met allerhande activistische buttons, waarmee de trotse drager aangeeft tot de legioenen van het protest te behoren.

– Stickers. Hetzelfde ontwerp als de buttons, maar minder overvloedig aanwezig, wellicht vanwege de relatief hoge produktiekosten.

Aan het eind van de jaren tachtig keerde het tij: sommige groepen besloten dat 'slogans niet meer werkten'. In plaats daarvan schrijven zij nu jaarlijks een analyserende kritische evaluatie met bijlagen, om indruk te maken op politie en politiek.

Nederlanders verliezen soms snel hun belangstelling voor iets. Het is dan ook geen wonder dat in een zo uitgesproken vooruitstrevend en snel veranderend land om de paar jaar een nieuwe generatie de ideeën van de voorgaande verwerpt. Wanneer dus een goede zaak of een beweging het stempel 'ouderwets' krijgt opgedrukt, is dat bedoeld om deze onderuit te halen en de nog aanwezige trouwe volgelingen te kwetsen.

DISCUSSIE EN DEBAT

Tijdens de kalme aanloopfase uit de nationale hartstocht zich door middel van discussies en debatten. Zodra er ergens twee of meer cloggies aanwezig zijn, storten ze zich in wat in hun ogen een diepgravende en zinvolle discussie is. Ze kunnen gewoon niet anders. Op kantoor slepen de vergaderingen zich eindeloos voort omdat er zoveel aandacht wordt besteed aan het recht om uitgebreid te laten horen wat je ergens van vindt. Wie de indruk heeft dat er tijdens de vergadering iets is besloten, zal de volgende dag merken dat hij het mis heeft: 'We hebben nog niks besloten! We hebben het alleen maar besproken.' Deze beroemde frustragenieke uitspraak heeft talloze buitenlanders verleid tot de uitroep: 'Laten we ophouden met praten en iets gaan doen!' en vindt haar ultieme formulering in het adagium: het is beter een kwestie te bespreken zonder haar te regelen, dan haar te regelen zonder haar te bespreken.

Ook doorspekken cloggies hun betoog graag met een ferme dosis lichaamstaal, zoals blijkt uit het volgende grapje:

Jan heeft zijn collega Piet zitten doorzagen over wat hij van de zaken denkt. Na een tijdje zegt Jan: 'Nou mag jij even wat zeggen, Piet. Ik heb zulke koude handen gekregen.'

Als Nederlanders een probleem met bovengenoemde middelen niet kunnen oplossen, grijpen ze naar zwaardere middelen en geven ze lucht aan hun klachten via de geaccepteerde weg van Klacht, Protest, Bezwaar en Mobilisatie.

Wanneer Hollanders het ergens niet mee eens zijn is het eerste wat zij doen: klagen. Klaag tegen iedereen die wil luisteren. Mopperen en zeuren horen bij de Hollandse levensstijl.

Nadat willige oren zijn gevonden, volgt stap twee: het protest. Met de steun van de willige oren en bijbehorende monden kan het Protest nu worden overgebracht aan de Kwetsende Partij. Dat gebeurt meestal met behulp van het geschreven woord.

Uitsluitend indien het Protest stuit op overdonderende onverschilligheid komt de vaart er goed in. Want van dat moment af vormen de willige oren en monden een beledigde actiegroep en de strijd gaat nu automatisch over in de fase van Bezwaar. Bezwaar is een fanatiekere vorm van Protest en leidt tot de lancering van verzoekschriften, dreigementen, eisen en verder alles wat het dispuut zou kunnen beslechten. De meer vastberaden Bezwaarden zorgen dat hun zaak ook ruime aandacht krijgt in lokale kranten en gemeentelijke uitgaven.

Een Algemene Mobilisatie drijft de zaak vervolgens op de spits. Ieder denkbaar hulpmiddel wordt nu met uiterste sluwheid ingezet: een verfijnde veldslag tussen intelligente geesten, zowel op schrift als mondeling. (Ter illustratie: toen een Hollandse buurvrouw van ons eens om raad werd gevraagd in een bepaalde kwestie zei ze: 'Je moet gewoon een grote bek opzetten.')

Die vier-stappenmethode wordt nagevolgd op alle niveaus, officieel en informeel, thuis en binnen de bureaucratie. En ook als het om een lastige buurman gaat. De meeste officiële brieven over belastingen en dergelijke, eindigen met de mededeling dat u *het recht hebt om bezwaar aan te tekenen* tegen deze beslissing. Zelfs op het Hollandse belastingformulier staat 'Over enige tijd zult u een antwoord ontvangen op uw bezwaarschrift. Als u het oneens bent met dit antwoord, kunt u in beroep gaan.' Meestal hebt u een of twee maanden om bezwaar aan te tekenen. Afhankelijk van de situatie kunt u uw brief sturen naar het betreffende kantoor, de burgemeester of de koningin.

GOEDE ZAKEN

De hete hangijzers, de protesten en het onophoudelijke gesoebat over 'meningen', dat alles gedijt in naam van de Vrijheid en van het Hollandse Idee Van Democratie. Zodra het achtervoegsel 'vrij...' opduikt bij een zelfstandig naamwoord dat het Kwade moet verbeelden, wordt dat woord heilig en duikt te pas en te onpas op. Zoals 'Kernwapenvrije Gemeente', 'Rookvrij Gebouw', 'Mannenvrij Café', enzovoort.

Hoewel de Hollanders graag doodvallen over een dubbeltje, en alle lompen en etensresten zo lang mogelijk bewaren, zijn ze wel goedgeefs, maar uitsluitend voor wat zij als een goede zaak beschouwen. Die zaak wordt meestal behartigd door een stichting met belastingvrijstelling.

Het 'Fonds tegen Vervolging en Euthanasie van en op Biseksuele Muizen met Eén Been in het Zuiden van West-Zildavenië' zou de Hollanders met trots vervullen over hun wereldwijs mededogen. Zo'n goed doel zou als volkomen gerechtvaardigd ervaren worden omdat het de volgende terreinen bestrijkt (Hollandse lezers, de volgorde van vermelding is alfabetisch, en wijst dus niet op politieke of persoonlijke vooroordelen):
- Flikkeremancipatie
- Gehandicaptenemancipatie
- Knaagdierenrechten
- Multiculturele Beleving
- Pittoreske/ongewone locatie
- Pottenemancipatie
- Tijdgeest (geliefd in de jaren zeventig en tachtig waren 'Weg met de Yanks', alles tegen kernenergie, alles vóór euthanasie, enzovoort).

Dit goede doel vraagt om demonstraties, rellen en, het allerbelangrijkste, een inzamelingsactie. En schenkingen zijn aftrekbaar voor de belasting.

De logica achter dit alles werd ooit omschreven in het wervende drukwerk van een Utrechtse actiegroep: '*Acties, waarin en waardoor mensen de gelegenheid krijgen om zelf actie te ondernemen.*'

Iedere legale ingezetene van Holland mag een demonstratie houden. Dat is een democratisch recht. Of het aantal sympathisanten nu vijf of vijftigduizend bedraagt, het mag. Demonstraties moeten goed georganiseerd zijn en geschieden in overleg met de gemeente. Elke plaats heeft zijn eigen spelregels. Om precies te zijn: je moet de politie op de hoogte stellen van datum, tijd en vooral ook het doel van de manifestatie, waarna je advies krijgt over wat er veranderd dient te worden. Bij voorbeeld:

– Datum en tijdstip, aan te passen in geval een al eerder goedgekeurde betoging of publiek evenement uw plannen dwarsboomt.

– De route, die wordt aangepast als er, vanwege de veronderstelde toeloop, straten afgesloten moeten worden voor alle verkeer.

Zodra alles rond is krijgt u uw demonstratievergunning en kunnen de noodzakelijke voorzieningen worden getroffen. Tijdens de demonstratie is de politie wat talrijker aanwezig dan normaal. Word niet boos. Ze zijn in de eerste plaats individuen, en dan pas agenten. Sommigen zullen zelfs uw protestbutton opspelden.

Illegale demonstraties zijn verboden, maar worden wel toegestaan, mits ze netjes verlopen en het verkeer niet ophouden en afhankelijk van het uiterlijk van de demonstranten en de algemene sympathie voor hun goede doel. Tijdens zo'n demonstratie ziet de politie meestal werkeloos toe.

Vergeet niet dat er in veel gevallen voor het heil van de natie, minderheden, onderdrukten of de mensheid in haar geheel wordt gedemonstreerd. Waar het ook om gaat, deze demonstraties zijn steeds het voorbeeld van een zich ontwikkelende democratie. Buitenlandse bezoekers vinden deze Hollandse verslaving aan dit proces misschien wat vreemd. Maar het is best mogelijk dat het aan dit hartstochtelijke gedemonstreer en gedebatteer te danken is dat er in een tijdperk, dat steeds gewelddadiger wordt, in Nederland betrekkelijk weinig geweld is.

Protestdemonstraties kwamen pas na de oorlog in de mode. Veel 60-plussers houden er niet van. Zo schreef een buitenlandse correspondent:

Ze geven blijk van een gebrek aan waardigheid en passen niet bij de traditionele Nederlandse nuchterheid. Het is een verschijnsel van deze tijd dat wel weer zal verdwijnen. Ik hoop in ieder geval van wel, want ik zou het verschrikkelijk vinden als deze ontwikkeling een typisch Nederlands karaktertrekje zou worden.

HET HOLLANDSE DENKEN

De meest aansprekende Hollandse kwesties worden verheven tot onderdeel van het Hollandse Denken. Het Hollandse Denken is de verzameling van die overtuigingen en vooroordelen waar minimaal tweehonderdvijftig procent van de bevolking het mee eens is. Het beste voorbeeld daarvan is het Recht op Woonruimte. Langdurig geteisterde ouders kijken uit naar het moment waarop hun bijna volwassen kroost het ouderlijk nest verlaat, terwijl de *enfants terribles* zelf nauwelijks kunnen wachten met de plaat poetsen. Maar er zijn geen huizen vrij.

Het Hollandse antwoord op deze situatie is uiteraard het vormen van actiegroepen, bestaande uit de zogenaamde krakers. Deze krakers verzetten zich met hand en tand tegen speculatie met leegstaande gebouwen. Ze vinden dat iedere bruikbare en onbewoonde ruimte met subsidies in woonruimte voor henzelf veranderd dient te worden. Dat is het Hollandse Denken. Krakers veroveren leegstaande ruimtes: kantoren, afzonderlijke etages, winkels, pakhuizen, iedere plek die langer dan een paar dagen leeg staat. De zaak van de krakers bereikte een hoogtepunt in de jaren zeventig. De politie moest het leger te hulp roepen, dat één tank inzette om de massa te verwijderen. De strijd werd pas gestaakt toen de stad toezegde het bezette pand voor de krakers te verbouwen. 'Wij hebben de krakers nu onder controle...' Een huisvestingsambtenaar zette het nog eens op een rijtje, en schatte de verbouwingskosten op een miljoen gulden. 'Een dure manier om een beetje sociale onrust te bestrijden. Maar dat is het Hollandse Denken.'

De krakers zijn sindsdien uit het nieuws verdwenen omdat het grote publiek vindt dat hun zaak uit de tijd is. Toen ze in 1991 probeerden opnieuw steun voor hun zaak te krijgen door een klein eilandje te bezetten, ontlokte dat aan de rest van de Nederlanders slechts een schamper lachje en aan Rijkswaterstaat het verzoek 'om zo vriendelijk te zijn het eilandje te ontruimen'.

Ongetwijfeld geïnspireerd door de steun die de krakers zich in Amsterdam wisten te verwerven, bracht RaRa (Revolutionaire Anti-racistische Actie) in 1991 twee bommen tot ontploffing, een in Groot Schermer bij het huis van de staatssecretaris van Justitie en een bij het Paleis van Justitie in Den Haag. Het ging in dit geval om een reeks regeringsvoorstellen om de asielwetgeving te wijzigen en misbruik ervan te voorkomen. Het publiek was woedend en geschokt, wat ons de hoop geeft dat dergelijke zinloze en anti-Nederlandse acties geen deel gaan uitmaken van een NIEUW Hollands Denken.

VROUWENBEWEGING

De vrouwenbeweging is misschien wel het meest extreme voorbeeld van een Nationale Hartstocht die alom en openlijk wordt beleden. En geen wonder. De Hollandse overheid geeft met gulle hand twaalf tot dertien miljoen gulden per jaar aan de feministen voor 'onderzoek'. De moderne Hollandse vrouwen zijn hun genetische karakteristieken dermate toegedaan dat ze het vrouw-zijn verheffen tot het hoogst bereikbare. Zij zijn *Vrouw*. En dan pas mens, werkneempersoon of minima. Vrouwen hebben hun eigen cafés, eigen bladen, boeken, kranten, theaters, reisbureaus, vakbond en natuurlijk hun eigen therapeutische centra. Op die manier kunnen Vrouwen, en ze doen dat ook, pressiegroepen vormen die radicale verandering nastreven van maatschappij en wetgeving wat betreft anticonceptie, abortus, scheiding, homoseksualiteit en gelijk-zijn-door-nu-zelf-de-sterkste-te-worden.

De identificatie met de vrouwenstrijd is een gestandaardiseerde obsessie van de moderne Hollander. Ieder vrouwen-item kan een kettingreactie ontketenen, met als ultiem doel een demonstratie op Europees niveau tegen iets wat normale mensen als kinderachtig gedram afdoen.

Als bewijs van de ernst van de aandoening vermeldde de Amsterdamse telefoongids onder het kopje 'Vrouwen' in 1987 niet minder dan zevenentwintig instellingen. Van buitenissige argwaan getuigden onder andere:

– Vrouwen Actie Comité voor Vervroegd AOW-pensioen. (*Women's action committee for early old-age pensions*)

– Stichting Aktiekomité Vrouwen in de Bijstand (*Women's welfare action committee foundation*)

– De vrouwenfietsenmakerij (*Women's Bicycle Repair*)

– Vrouwenklussencollectief de Karweiven (*Women's Odd-Jobs Collective*)

– Internationaal Archief van de Vrouwenbeweging, dat beschikt over vijfenveertigduizend banden, meestal in het Nederlands, met geslachtsgebonden informatie.

Toen wij achtergrondmateriaal voor dit hoofdstuk verzamelden, halverwege 1988, probeerden we in contact te komen met drieëndertig vrouwenorganisaties om uit te vinden wat die precies nastreefden. Van de drieëndertig verzonden enquêteformulieren:

– werden twintig nooit beantwoord;

– kwamen drie ongeopend retour;

– kwamen negen beantwoord terug, met uitleg over hun roeping, inclusief wervend drukwerk en de onvermijdelijke stickers;

– terwijl één aangeschrevene een briefkaart stuurde, en wilde weten '...wie u bent, hoe u aan ons adres komt, waar u Nederlands hebt geleerd en wat u gaat doen met de informatie...'

Tot zover het diepe feministische verlangen om de wereld deelgenoot te maken van heur lijden.

Een typerend voorbeeld van het verwarde gedachtengoed dat we in de ons toegestuurde respons aantroffen, was '.... wij zijn nergens tegen. Wij eisen het recht om te leven zoals in dit land de gewoonte is, en willen niet beschouwd worden als de helft van een stel maar als een individu, en zo willen wij ook behandeld worden...' In Holland is het overigens de gewoonte dat de man werkt en de vrouw thuis bij de kinderen zit.

Ondanks suffragette-achtige campagnes heeft de Nederlandse Vrouwenbevrijdingsbeweging alleen kans van slagen als ze de zegeningen van een overheidssubsidie deelachtig wordt. De Directie Coördinatie Emancipatiebeleid wil jaarlijks 6 miljoen gulden voor 'vrouwenstudies', en 'Managementemancipatie' (opgezet om vrouwen betere carrièrekansen te geven) vraagt 7,3 miljoen.

Het grappige is dat veel Hollandse vrouwen in hun strijd om gelijkheid en overheersing nou net díe mannelijke eigenschappen vertonen en zich eigen maken die ze zeggen te haten. Dit verschijnsel wordt al meer dan drie eeuwen met bezorgdheid gadegeslagen:

'Bij hen thuis zijn allen gelijk en je komt er niet achter wie er de baas in huis is, tenzij je man en vrouw beiden bij je in bed neemt.' (Owen Feltham, Londen, 1652)

'De meeste vrouwen daar (Nederland) hebben geen smaak, zijn uiterst onvrouwelijk en lopen als boeren!' (Hans Algra, Zuid-Afrika, 1992)

Ter afsluiting van dit onderwerp een citaat uit een pamflet uitgegeven door het Amsterdamse Migranten Centrum. De tekst is oorspronkelijk (in het) Engels en is hier letterlijk overgenomen:

...And a last example, in which the center did not play a role: Amsterdam housewives became a lot more critical on the quality of vegetables on the market places having noticed how the Surinam, Turkish and Moroccan migrants make their choise. The daily supply of previously unknown *vegetables proves the influence of the new cuisines on Dutch cooking.*

Schrijf het juiste antwoord op een briefkaart en gooi die zelf weg. Postzegel niet nodig.

DIENSTPLICHT

De dienstplicht in Holland blijft beperkt tot veertien maanden voor alle jonge mannen. Voor sommigen is het ongemak niet groter dan bij een verblijf in een vakantie-kamp. De recruten mogen hun haar lang dragen, oorringen en andere herinneringen aan hun late kindertijd zijn toege-staan en ze hebben uitstekende secundaire arbeidsvoor-waarden (vaste werkuren, feestdagen, enzovoort). Zelfs de officieren hebben een CAO. Homo's zijn welkom in alle rangen, omdat een onderzoek begin jaren zeventig uitwees dat uitsluiting discriminerend was.

Toch blijven de protestgerichte Hollanders de neiging vertonen om kuddegewijs op te komen voor hun recht op vrijheid en individualiteit. Een alternatief voor militaire dienst is tegenwoordig erkenning als gewetensbezwaarde. Een dienstweigeraar krijgt dan werk te doen in de burger-maatschappij, terwijl een totaalweigeraar twee jaar mag wonen in een militaire gevangenis. Zelfs met zo'n vonnis op zak kan een dienstweigeraar zijn poot stijf houden en winnen. Zo werd een totaalweigeraar in vrijheid gesteld na een hongerstaking van 24 uur, met als argument dat hij niet onder de regels van de totaalweigeraar viel: hij was wel tegen de dienstplicht, maar geen antimilitarist. De dis-cussie gaat door en richt zich onder andere op verkorting van de dienstplicht en vrijstelling in verband met gods-dienst, studie en dergelijke.

Het ministerie van Defensie is van mening dat meer vrouwelijke militairen geen kwaad kan en hoopt het per-centage vrouwen van 5 op 8 procent te brengen door meer geld beschikbaar te stellen voor crèches, en betere carriè-rekansen voor vrouwen te scheppen. Vrouwen worden alleen als vrijwilliger in het leger toegelaten en wekken dikwijls de lachlust van het volk op. Waarschijnlijk ageren sommige Vrouwen al voor hun recht op dienstplicht dan

wel dienstweigering, om het recht te hebben naar de gevangenis te mogen voor het weigeren van iets dat ze nu niet hoeven.

Een boeiende vraag is in hoeverre het Nederlandse leger mogelijke vijanden weet af te schrikken. In 1992 bleek uit een onderzoek onder een in Duitsland gelegerde medische eenheid dat dertig procent van de militairen drugs gebruikte. De eenheid stond dan ook bekend als het Militaire Hasjtehuis. Overal op het terrein werden hasj, cocaïne en XTC gebruikt: niet direct een goede basis voor de verdediging van het vaderland.*

Het is de bedoeling dat de nationale legers van West-Europa (land-, luchtmacht en marine) onder de paraplu van de NAVO een goed geoliede verdedigingsmacht vormen. Typisch Nederlands dus om een minister van Defensie te benoemen die streeft naar minder geweld in het leger en die het verzoek krijgt om zijn manschappen vrije-tijdsadviseurs ter beschikking te stellen (kennelijk zijn verveling en niets-doen troef in de Nederlandse kazernes). Dit alles gebeurt onder auspiciën van een regering die even enthou-

* (Noot van de vertaler: Tijdens NAVO-oefeningen deed en doet de Nederlandse soldaat het zeker zo goed als zijn buitenlandse collega.)

siast was over militair ingrijpen in de Golfoorlog als haar Amerikaanse pendant.

In bepaalde politieke en regeringskringen is men op het idee gekomen dat een beroepsleger aangevuld met vrijwilligers wellicht meer in overeenstemming is met de volksaard. Jeetje, wat een unieke gedachte. Jammer dat ze daar in Engeland en Amerika nooit op zijn gekomen.

Wat moeten ze eigenlijk met die militaire 'afschrikking'? Het socialistische ex-kamerlid Klaas de Vries huldigt dit standpunt:

'We leven in een samenleving die zichzelf reguleert, die niet wordt geregeerd door toespraken van bovenaf. We geven de mensen zoveel mogelijk de kans zichzelf te zijn. Sommige mensen noemen dat anarchie, wij noemen dat beschaving.'

Een bijkomend voordeel van het NAVO-lidmaatschap is de *tourist-promotion* in het buitenland. De Internationale Luchtmacht-taptoe op het Engelse RAF-vliegveld in Fairford werd gehouden onder het motto 'Tijgertrefpunt', omdat de 'Tiger Association' van de NAVO dertig jaar bestond. Nederland was een van de zestien deelnemers. De grondploeg van het F-16 eskadron beeldde het thema van top tot teen uit met safarihoeden en klompen met geel-zwart tijgermotief.

(Voor meer over Hollands imago in het buitenland zie hoofdstuk 19)

Hoofdstuk 12
Wetten voor het winkelen

Hollanders zijn toegewijde etalagegluurders en dromen al grasduinend van de ultieme aanbieding. Misschien uit angst voor vasthoudende verkopers door de knieën te gaan, lijden velen aan de bizarre aandoening 'drempelvrees' – ze durven niet naar binnen. Zodra ze zich over de drempel gesleurd hebben, worden ze weer zichzelf. Neem uit zelfbescherming het volgende in acht:

ALGEMEEN
  – Voor rokers: zoek voor u de winkel in gaat een afvalbak met droog, brandbaar materiaal en gooi daar uw brandende peuk in.
  – Bij het binnengaan: zorg dat de winkeldeur de persoon achter u vol in het gezicht treft. Hoort u een knal of een doffe dreun, veroorzaakt door iemand in het gips, in een rolstoel of kinderwagen, draai u losjes om en mompel 'Sorry hoor'.* Als u in een zeer milde stemming verkeert kunt u eraan toevoegen dat u het gips of de rolstoel niet gezien had.
  – Als iemand in de weg loopt, leg uw handen op zijn schouders en duw die persoon ongeduldig opzij. Laat dan zien dat u Frans kent, en zeg: 'Pardon ...'
  – Als uw aankopen minder dan twintig gulden kosten en er staan meer dan drie mensen achter u in de rij, betaal met cheque of creditcard en ruim minstens vijf minuten in voor het opsporen van uw pasje. Of anders, vertraag met alle middelen de afhandeling zodat de rij achter u aangroeit tot acht.
  – Jaag op koopjes en klaag over de prijzen van alles wat wordt aangeboden, zie ook hoofdstuk 8.

* (Noot van de vertaler: als uitspraakvoorbeeld geven de schrijvers hier 'Surrey Whore'.)

– Neem een paar losse guldens mee als statiegeld voor het winkelwagentje. Heeft u geen guldens, gebruik dan het ringetje van een blikje bier of frisdrank.*

– Als een cloggie u een winkelwagen ter overname aanbiedt, in ruil voor uw gulden, pas op! Ofwel het terugbetaalmechaniek is kapot, of de wielen lopen aan. Wanneer u daarentegen een leeg winkelwagentje hebt, moet u het nooit zomaar laten staan. Ook al stormt, regent, hagelt, ijzelt of sneeuwt het nog zo hard, u moet terug om uw geïnvesteerde gulden terug te krijgen. Doet u dat niet, dan laat u zich onmiddellijk kennen als een domme buitenlander die niet begrijpt hoe de wereld in elkaar zit.

Voelt u zich gedwongen om het wagentje toch te laten staan, maak dan dat u wegkomt voordat u onder de voet wordt gelopen door de horde die zich op uw kar stort.

– Blokkeer regelmatig met uw kar de doorgang.

– Huur een paar kinderen om stiekem andermans karren vol te laden met dure dingen.

– Bij het afrekenen moet de kassier (m/v) twee mededelingen doen. 'Zegels?' en 'Dag!' Op vrijdag en zaterdag wordt dit laatste vervangen door 'Prettig weekend'. Uw eventuele repliek doet niet ter zake.

– Controleer eierdozen op hoeveelheid en toestand van de inhoud. Meestal is minstens één ei nooit gelegd, dan wel gebroken. Let ook op het Hollandse Dozijn: een half dozijn = zes, een heel dozijn = tien.

– Beknijp en kneed kwetsbare produkten. Klaag bij het vertrek over de armzalige kwaliteit van het aangebodene.

– Wantrouw kassa's die de streepjescode moeten aflezen en controleer de kassastrook voor u de winkel verlaat. Doet u dat niet, dan ontdekt u misschien nooit dat de kortingen waar u voor ging helemaal niet zijn doorberekend.

STATIEGELD EN BORGSOM

Statiegeld heeft betrekking op glazen verpakkingsmate-

---

* (Noot van de vertaler: en hier zien we dan de eigenlijke reden voor de invoering van de nieuwe vastlippige blikverpakkingen.)

riaal, veelal voor drank. Een bierfles heeft een bepaalde statiegeldwaarde, en voor een volle krat betaalt u het statiegeld van de flesjes plus dat van de krat.

Een voorval dat alle kranten haalde, betrof een Nederlander die een aantal flessen frisdrank uit een winkel stal en ze onmiddellijk in de machine voor lege flessen stopte. Zo wiste hij niet alleen de sporen van zijn misdaad uit, hij ving ook nog een bedrag omdat hij zo braaf had bijgedragen aan een schoner milieu.

Voor glaswerk zonder statiegeld staan er glascontainers op straat: een voor blank glas en twee voor gekleurd. Het kan zijn dat u even op uw beurt moet wachten omdat het heel wat getuur vergt voordat men zijn glaswerk durft weg te gooien: het zou kunnen zijn dat men zichzelf ruïneert door per ongeluk een fles te dumpen waar statiegeld op zit.

Op het moment dat dit boek wordt geschreven, loopt het statiegeldsysteem kans te verdwijnen. Winkeliers vinden het tijdrovend, plaatsvretend en te duur (!) en willen het afschaffen. De grap is dat het systeem nooit is ingevoerd uit milieu-overwegingen maar als verkooptruc: men kon er klanten mee trekken. Omdat je geld terugkreeg, sloeg het direct aan, zodat de gemiddelde supermarkt de grote hoeveelheid teruggebrachte flessen en potten nu moet uitsplitsen over 70 soorten kratten en 90 soorten pallets. Tot grote vreugde van de detailhandel wordt er nu onderzocht wat beter is voor het milieu: verpakkingen die kunnen worden hergebruikt of verpakkingen die worden weggegooid! Als u verder bedenkt dat er een enorme zwarte markt in statiegeldverpakkingen bestaat (er zijn winkeliers die hoge, dure hekken om hun voorraad gebruikte flessen laten zetten), dan begrijpt u dat dit systeem gedoemd is te verdwijnen. (Voor meer over recycling zie hoofdstuk 15.)

De borgsom is iets dergelijks, maar dan voor gehuurde videocamera's, sleutels van safeloketten, huurfietsen en dergelijke. Zodra ze een gaatje zien, laten ze u een borgsom betalen, waarna ze zich soms met hand en tand verzetten tegen het terugbetalen ervan.

Het kan gebeuren dat u niet weet of u nu wel of geen borgsom betaalt. Dat is waarschijnlijk wel het geval als men u om een legitimatie vraagt (zie hoofdstuk 10), hoewel het niet duidelijk is waarom een winkelbediende moet weten of u bent wie u beweert te zijn teneinde een paar gulden van u te kunnen lenen.

We betwijfelen ten zeerste of de borgsom met dezelfde uitsterving bedreigd wordt als het statiegeld.

KLEREN KOPEN

– In kledingwinkels, neem oordopjes mee ter voorkoming van onherroepelijke gehoorschade veroorzaakt door de dwangmatige discomuziek aldaar.

– Als u iemand een kledingrek ziet doorzoeken, ga ernaast staan en schuif de hangers uit elkaar, zodat de open ruimte bij de persoon naast u verdwijnt.

– Neem de kinderen mee en laat ze lekker verstoppertje spelen tussen de kledingrekken.

OP STRAAT EN OP DE ROMMELMARKT

– Als u iets ontdekt wat u zou willen hebben, toon nauwelijks interesse. Meld de verkoper dat u hetzelfde ding even verderop voor de helft van de prijs zag, om u vervolgens te storten in een gezond partijtje loven en bieden.

– Als er een menigte voor de kraam staat, wring u ertussen, begraaf uw ellebogen in de zij van uw voorgangers en adem luidruchtig in hun oor om ze op het idee te brengen opzij te gaan. Omgekeerd, als u vooraan staat, de uitstalling bestudeert en anderen proberen u ellebogend uit de weg te ruimen, houd dan moedig stand. Blijf staan tot de rest het opgeeft.

– Bij spitsuur op de markt, loop tegen de stroom in en sta af en toe zonder duidelijke reden stil.

Hoofdstuk 13
Autorijden

Zoals met winkelen (hoofdstuk 12) kan ook de eerste kennismaking met het Hollandse Rijden absoluut verlammend
zijn. Maar houd moed: u bent geen ondermaatse automobilist. U heeft alleen een paar ongeschreven verkeerswetten
over het hoofd gezien.

IN ZIJN VRIJ

1. Blijf zo dicht mogelijk bij de achterbumper van uw
voorganger, het land is klein en ook op de wegen heerst
ruimtegebrek.

2. Verander continu van rijstrook. Wegen worden aangelegd van belastinggeld. Als u belasting heeft betaald,
heeft u het recht om uw weg zoveel mogelijk te gebruiken.

3. Minstens twee auto's per keer moeten door het rode
stoplicht heen. Voorkom ten koste van alles dat u vaart
mindert of stopt. Een brandend remlicht, in combinatie
met een oranje of net rood geworden stoplicht, komt u te
staan op een lawine van stereofonische claxonsignalen, ook
al vindt men het niet netjes om te toeteren als er geen
sprake is van een noodsituatie. Waarschuwing. Hoedt u
voor automobilisten op leeftijd. Zij houden stug vast aan
het ouderwetse remmen voor oranje en stoppen vol overtuiging voor rood. Deze onverbeterlijke senioren zijn oorzaak van veel botsingen.

4. Als u ziet dat een automobilist door rood rijdt, laat
woest uw claxon schallen dat u het wel gezien heeft, terwijl
u hem in gebaar uitscheldt om zijn flagrante minachting
voor de wet. Kom langszij en tik met uw rechterhand
tegen uw voorhoofd. Ook een bijpassende boze frons is
heilzaam, net als op en neer veren in uw stoel en het brullen
van 'Idioot!', 'Godverdomme!' en 'Klootzak!' Denk niet
dat u in het verkeer een veel groter gevaar bent dan die

ander: u trekt alleen maar snel op, wijkt uit naar de snelle linkerbaan, komt langszij en remt, volkomen opgaand in uw gebarentaal.

5. Wanneer u als voorste in de rij stopt voor rood, verwacht niet dat u de verkeerslichten kunt zien. Dank zij een briljant staaltje Hollands ingenieurswerk staat uw auto recht onder de lampen. Wacht ontspannen op het getoeter van de auto achter u. Want geclaxonneerd wordt er zeker wanneer u niet onmiddellijk reageert op het groene licht. Of anders: wacht buiten uw auto tot het licht verspringt. Dit wordt in het gunstigste geval door de inheemsen gezien als een daad van Protest en wordt in het slechtste geval opgevat als een uiting van uw individualiteit. Met beide oogst u veel respect.

HET RECHT VAN DE STRAAT

De democratie op de Hollandse wegen wordt onderstreept door de inconsequente voorrangsborden, want zoals een oudcalvinistische spreuk zegt: 'Is niet het smalle pad te verkiezen boven de brede weg?' Er lijkt geen algemene voorrangsregel te zijn, zoals 'Rechts heeft voorrang' of 'De hoofdweg heeft voorrang'. Neem bij voorbeeld rotondes. Op sommige plaatsen heeft de auto van rechts voorrang. Op andere plaatsen heeft de auto op de rotonde voorrang. Weer elders worden verkeerslichten gebruikt.* Voor snelheidslimieten bestaat geen enkel ontzag. Veel toegepaste technieken om het verkeer in woonwijken af te remmen zijn éénrichtingstraten en verkeersdrempels.

De in 1991 herziene verkeerswetgeving wordt geacht de bestuurder meer verantwoordelijkheid te geven door het aantal verkeersregels te verminderen. Als vuistregel werd daarbij uitgeroepen: 'Geef uw verstand eens voorrang'. (Dat verklaart misschien waarom niemand op straat voorrang geeft.) Waarom al die moeite? Misschien is de verkla-

---

* (Noot van de vertaler: na jaren strijd binnen Verkeer en Waterstaat schijnt – ooit – de algemene regel te worden ingevoerd dat verkeer op de rotonde voorrang heeft. In Engeland beseft men overigens al langer dat je de rij wachtenden beter op de aanvoerwegen kunt zetten, dan op de benauwde rotonde.)

ring het aantal Hollandse hoogwaardigheidsbekleders dat dat jaar op verkeersovertredingen werd betrapt, zoals:

– leden van het Koninklijk Huis (alweer)
– de minister-president en leden van zijn kabinet, bij voorbeeld de minister van Defensie
– de voorzitter van de Raad voor de Verkeersveiligheid.

Laatstgenoemde reageerde hoogst verontwaardigd toen hij een bon kreeg omdat hij 160 had gereden: 'Een heksenjacht die zich richt op te hard rijdende hoogwaardigheidsbekleders.'

FILES

Files zijn frustrerend, in elk land. Maar in Holland nog erger als men bedenkt dat de dagelijkse 100 km lange rij van stilstaande auto's even lang is als het land breed.

Uniek is de overvloed en de uitgebreidheid van de studies, voorstellen en wetten die worden voortgebracht om ze tegen te gaan. Toen was vastgesteld dat de egoïsten die van paardrijden houden wel eens een file veroorzaakten, werd een wet aangenomen die het paard (niet de ruiter) verplichtte oogkleppen in de vorm van nummerborden te dragen, voorwaar een probaat middel om filevorming te voorkomen.

RIJBEWIJS HALEN

Er zijn twee manieren om een Nederlands rijbewijs te krijgen: les nemen bij een erkende rijschool, of een geldig buitenlands rijbewijs inruilen voor een Nederlands.

De rijschool is streng en duur (*tweeduizend* gulden om u klaar te stomen voor het examen). Er wordt interessante, prijzige apparatuur gebruikt: sommige leslokalen bieden iedere leerling een stuur plus versnellingspook, voor rijsimulatie. Houd moed als u een aantal malen zakt: een aanvullende cursus kost u maar ongeveer de helft extra. En hoe gedegen zijn die lessen? Dertig procent van de instructeurs geeft les zonder de autogordel om te doen. Na gemiddeld dertig lessen doet de kandidaat rijexamen, waarvoor slechts veertig procent de eerste keer slaagt (1992). Vreemd genoeg wordt er niet geprotesteerd tegen de hoge kosten van het rijonderricht (zie hoofdstuk 11).

Niet alle buitenlandse rijbewijzen zijn inwisselbaar. Tot ongeveer 1970 was dat wel zo. Veel Hollanders gingen naar bij voorbeeld Egypte om hun rijbewijs te halen. De totale kosten van de reis (rijbewijs inbegrepen) waren lager dan wat een Nederlandse rijschool zou rekenen. Met andere woorden, de cloggies verdienden met het behalen van hun rijbewijs een gratis reisje naar Egypte. Tegenwoordig kan een geldig, vreemd rijbewijs alleen worden ingewisseld als de bezitter aantoont minstens een half jaar in het betreffende land gewoond of gewerkt te hebben.

Aangezien Nederlandse overzeese gebiedsdelen (die niet tot het buitenland worden gerekend) jarenlang een uitzondering op deze regel vormden, werden de Nederlandse Antillen favoriet voor wie een rijbewijs wilde halen. Uit de cijfers van 1991 bleek dat ruim 2000 Nederlanders dat hadden gedaan en hun papiertje na terugkeer hadden ingewisseld voor het 'echte' rijbewijs en zich in het verkeer hadden gestort. Het jaar ervoor waren het er nog 500.

Op Saba geeft men ronduit toe dat de eilandeconomie afhankelijk was van het rijbewijstoerisme: met een bevolking van ongeveer 1000 mensen is een half miljoen gulden per jaar een belangrijke bron van inkomsten. Per week kwamen er 60 Nederlanders voor rijlessen naar Saba. Eind 1992 werd er een eind aan deze makkelijke methode gemaakt: op de Nederlandse Antillen kun je nu alleen nog een rijbewijs krijgen als je er zes maanden hebt gewoond en aan nog andere eisen hebt voldaan.

Er is nog één uitweg: meedoen aan een experiment. Rijonderricht is een geliefd doelwit voor maatschappelijke experimenten, vooral als er minderheidsgroepen bij betrokken zijn. Misschien spreekt de volgende opzet u wel aan: In een poging om een aantal probleemjongens weer op het goede spoor te zetten, kregen in 1992 dertig Marokkaanse, Surinaamse, Antilliaanse en Turkse jongens in een legerplaats bij Hilversum een spoedcursus. Het doel was voorkomen dat ze in een negatieve, criminele spiraal terechtkwamen. Als ze een rijbewijs hadden, moesten ze makkelijker aan een baan kunnen komen.

Hoofdstuk 14
Over de Hollandse Waarden

'Lang leve de Hollanders, langdurig gekwelde gezichtslozen, eindeloos strijdend tegen uitbuiting en onderdrukking. Geef ze een warm applaus, die minzame en gedienstige slachtoffers van ontelbare oorlogen die hun land even plat hebben gemaakt als hun gedrag... Stuk voor stuk donderpredikanten, maar niet één heeft er echt lef... Lang leve de Hollanders, non-volk op het slagveld der volkeren!'

Tony Hendra, *National Lampoon*, 1976

LAND TEGEN RACISME

De Hollanders beroemen zich erop een anti-racistisch volk te zijn. In de jaren zestig waren ze apetrots op het ontbreken van vooroordelen en rassenproblematiek in Holland (hoewel de eerste Indonesische immigranten aan het eind van de jaren veertig als tweederangs burgers werden behandeld). Maar daar was een reden voor: vertegenwoordigers van niet-Kaukasische rassen kwamen in het straatbeeld nauwelijks voor. Redenen voor de Hollanders om alle donkerder getinte medepersonen op een voetstuk te plaatsen.

Dat veranderde toen de Hollandse kolonie Suriname in 1975 onafhankelijk werd. Hordes Surinamers stroomden toe. Criminaliteit, druggebruik en het aantal uitkeringstrekkers schoten de hoogte in. Er kwamen snel strengere toelatingseisen voor donkerhuidigen, want: 'We zijn solidair met jullie, we zien het probleem, maar hier hebben we jullie niet nodig'. Of om te spreken met Ds. H.G. Boswijk, een Amsterdams predikant: 'Wanneer Surinamers bij ons in de kerk komen, houden de mensen vriendelijk afstand. Ze zeggen: Jullie zijn welkom, maar laat ons met rust. Het is een soort impliciete apartheid.'

Maar evengoed, zodra ze een verblijfsvergunning hebben worden Surinamers en andere donkere immigranten – zoals Turken en Marokkanen – door de Hollanders gretig in het hart gesloten: nu zijn het hún etnische minderheden geworden en staan ze met Hollanders op gelijke voet, want het recht op een uitkering maakt iedereen gelijk. De hele wereld moet weten dat Holland in de strijd tegen het fascisme en racisme voorop loopt. Dat spreekt ook uit het nieuwe personeelsbeleid van de politie. Het doel is om in 1990 voor vijfentwintig procent uit vrouwen en voor tien procent uit andere minderheden te bestaan. Als lokkertje wordt succesvolle sollicitanten al na zes maanden de Hollandse nationaliteit aangeboden, in plaats van na de normale tien jaar.

Desondanks blijven er bewijzen van discriminatie te over. Dat wordt bevestigd in bekentenissen van overheidsinstanties, waaraan bijna geen publiciteit wordt gegeven, zoals uit de volgende voorbeelden blijkt:

– Een opmerking van de burgemeester van Lelystad in 1991: 'Veel immigranten komen uit landen met weinig of geen cultuur. Als ze al wat meebrengen, zijn het hun slechte gewoonten.'

– Arbeidsbureaus vervullen de meeste vacatures door toe te geven aan racistische eisen van werkgevers, ondanks een uit 1987 daterende richtlijn die discriminatie bij het aannemen van personeel verbiedt. Om deze constatering verder te onderbouwen gaf het ministerie van Sociale Zaken de Universiteit van Leiden opdracht de zaak nader te onderzoeken. En wat bleek? Na een onderzoek bij 134 arbeidsbureaus was er in 90 procent van de gevallen sprake van discriminatie.

– In 1991 gaf de Rijksvoorlichtingsdienst toe dat ze de mogelijkheid had onderzocht om 'etnische feiten' over zigeuners, vluchtelingen en dergelijke te verzamelen. Als dat zou uitmonden in een wet, zouden dergelijke mensen de overheid moeten inlichten over hun ras, dat van hun ouders en meer van dat soort gegevens.

Om hun diep anti-racistische overtuiging op nog meer akkers uit te zaaien, vertalen allerlei overheids- en andere instellingen folders in het Turks en Marokkaans, terwijl folders in de talen van Hollands Europese buren er niet zijn. Er kan weer wel in het Berbers enzovoort opgebeld worden: één van Hollands vele onmisbare bijdragen aan de Europese eenwording.

In deze gecompliceerde tijd van kwesties die gevoelig liggen in verband met ras, persoonlijke vrijheid, seksuele vrijheid en dodelijke besmettelijke ziekten, hebben de Hollanders één karaktertrek waar men jaloers op mag zijn. Blank en zwart, vriend en vijand, man en vrouw, allen hebben een gelijke stem in de chaotische rechtenstrijd. Een blanke kan 'dat is racisme' tegen een zwarte roepen zonder gelijk voor racist te worden uitgemaakt. Een heteroseksueel kan altijd 'dat is discriminatie' tegen een homo schreeuwen zonder het etiket 'hardvochtig' opgeplakt te krijgen. Iedereen kan zijn stem laten horen. Daar zou een groot deel van de westerse wereld nog heel wat van kunnen leren.

'ZO ZIJN ONZE MANIEREN, ZO ZIJN . . .'

Over de Hollandse goede manieren kunnen we kort zijn. Zelf geloven de cloggies dat hun manieren verfijnd zijn, maar een oplettende vreemdeling merkt daar bar weinig van. 'Goede manieren hebben' betekent waarschijnlijk vooral 'je vinger op tijd in de dijk steken als er een gat in zit'.

In het buitenland gaan cloggies ervan uit dat niemand Nederlands verstaat. In hun eigen taal voorzien ze alles en iedereen van beledigend en sarcastisch commentaar. Soms blijken ze met verbaal misbaar een landgenoot te treffen. Geen reden voor schaamte of schuldgevoel, want:

– beide partijen beseffen zich hieraan schuldig te maken;

– bij gebleken gelijke nationaliteit zijn beide partijen het erover eens dat spot en hoon terecht tegen de vreemde doelen worden ingezet.

Thuis of in den vreemde begroeten Hollanders elkaar met een korte handdruk als het een eerste ontmoeting is, of drie kussen op de wang (links-rechts-links) als het oude vrienden betreft. Deze handelingen kunnen worden verkort, verlengd of gecombineerd en worden toegepast bij begroetingen tussen man-vrouw en vrouw-vrouw, maar nog niet bij man-man. Laat u niet misleiden door deze rituelen. Twee vrouwen die een handdruk en anderhalve kus uitwisselen staan niet voor een hernieuwde kennismaking van twee lesbiennes die elkaar niet vertrouwen – het kan heel goed betekenen dat er veel belangrijker zaken ter discussie staan. Welke begroetingsvorm of -combinatie er ook wordt gebruikt, deze gaat vaak gepaard met een gevoel van angst, namelijk die voor zweethanden – nog zo'n nationale fobie.

Hoewel een angstige blik in eerste instantie zou kunnen worden uitgelegd als wantrouwen, behoeft de zweet-ontvanger zich er geen zorgen over te maken. Vreemd genoeg meende in 1991 nog een kwart van de bevolking tussen de 18 en 50 jaar dat een handdruk AIDS kan overbrengen. Hoe zweteriger de hand, hoe groter de kans. En dus ook de angst.

Het afscheid verdient evenveel aandacht te krijgen als de begroeting. Op welk tijdstip van de dag of de nacht je ook bij je vrienden weggaat, je hoort buiten de deur te gaan staan en een aantal malen zo hard als je kunt 'daaag' te roepen. Dan spring je op de fiets en zorgt ervoor dat de voortzetting van deze serenade nog van stratenver te horen is. Verplaats je je per auto, rijd dan langzaam weg en toeter zo vaak als maar mogelijk. Daarna geef je gas zodat de hele straat weet dat je een heerlijke (in de meeste gevallen dus 'matige' of 'vervelende') avond bij je vrienden hebt doorgebracht en dat je nu weggaat.

Een andere zeer gebruikelijke en hartelijke manier om gedag te zeggen is het verscheidene malen roepen van *doei*. Deze uitdrukking wordt kennelijk door de lagere standen gebruikt en men beschouwt hem dan ook als vulgair, stom en als een teken van een gebrek aan opvoeding.

KAMPEREN

Kamperen is een populaire vorm van recreatie en is makkelijk in Holland: erkende kampeerterreinen zijn comfortabele oases, met hete douches, winkels, enzovoort. De staanplaatsen zijn gemarkeerd, alles volgens een strak schema. Wild kamperen is bij gebrek aan weids heuvelland onmogelijk.

Bijna ieder huishouden bezit wel iets tentachtigs, hetzij een tweepersoons rugzaktentje, hetzij een bungalowtent met ramen en slaapkamers, hetzij een caravan of een kampeerauto. Dat alles wordt niet alleen voor overnachtingen ingezet. Om een duistere reden maken cloggies er een gewoonte van hun tenten op zonnige dagen voor een paar uur neer te planten in een zogenaamd recreatiegebied. De reis, het opzetten, de inrichting van tent en omgeving met bloempotten, snijbloemen, wrakke klapstoeltjes en koffieservies, dat alles kan wel drie uur in beslag nemen en dat voor krap vijfenveertig minuten rust in de vrije natuur. Maar Hollanders doen dat. En allemaal tegelijk. Zelfs in zulke aantallen, dat er een subcultuur is ontstaan, het bermtoerisme. Deze categorie dagjesmensen zoekt met opzet een plekje langs een drukke snelweg teneinde in alle rust te kunnen klagen over de verkeersdrukte en de gevolgen ervan alvorens zelf deel van het probleem te worden als ze naar huis teruggaan.

Kampeerterreinen thuis en in den vreemde zijn voor kleine cloggies de aangewezen plaats om op gewelddadige wijze hun vrijheid aan anderen op te dringen. Meteen na zonsopgang zetten de kleintjes typisch Hollandse volksliedjes in, zoals 'I can't get no satisfaction', enzovoort. Hun ouders durven daar niet tussen te komen, uit nationale trots en om geen vrijheid te belemmeren. Wanneer het zingen de ouders de keel uithangt, vragen zij hun kinderen op milde toon stil te zijn. De kinderen gaan gewoon door. Kleine cloggies die niet van zingen houden uiten hun vrije expressie via een stuitend hard stemgeluid.

Wat oudere kinderen, zo tot een jaar of dertig, hebben ook recht op vrijheid en uiten zich met een voetbal dwars over het kampeerterrein. Andere fijne plaatsen waar de kids graag ballen zijn restaurants, cafés, volle parkeerplaatsen, golflinks en de metro.

Ook favoriet als tijdverdrijf is vloeken en het laten van

diverse types winden. Het belachelijk maken van derden is verplicht en behoort door giechelen en kakelen begeleid te worden.

GEBARENTAAL

Wilt u volwaardig medelid van de Hollandse maatschappij worden, dan raden wij u aan om het volgende te gaan oefenen, liefst in afzondering:

– Houd uw hand evenwijdig aan uw oor, op ongeveer vijf centimeter afstand, en beweeg die met matige snelheid voor- en achteruit. De betekenis is: 'Lekker!'

– Beide duimen omhoog, maak pompende zijwaartse bewegingen van de ellebogen, en reciteer daarbij vol overtuiging: 'Omsterdom!!' Betekenis: 'Ik voel me hier thuis.'

– Spreid de vingers, draai de binnenkant van de hand naar boven, en strek de onderarmen zijwaarts uit, maak een geluid als dat van een zieke koe: 'Jaaaaaahhhh!' Betekenis: 'Ik geloof er niks van.' Zie hoofdstuk 13 voor speciale gebarentaal in het verkeer.

OVER TROUWEN

Het gangbare moderne standpunt ten aanzien van ongetrouwde, samenwonende stellen is dat zij dezelfde rechten zouden moeten hebben als getrouwde stellen. Als de vader van de vriend overlijdt, meent de vriendin dat ze in aanmerking komt voor twee dagen betaald rouwverlof, net zoals dat voor echtparen geldt. Sinds enkele jaren bestaat het samenlevingsregister als alternatief huwelijksregister voor samenwonenden (inclusief homo's) die een samenlevingscontract hebben afgesloten bij de notaris. De partners kunnen 'trouwen' in de trouwzaal van het stadhuis.

LAT-relaties zijn gemeengoed, omdat dan de partners het grootste deel van de tijd hun eigen leven kunnen leiden, maar ook van een tot niets verplichtend samenzijn kunnen genieten. Ook biedt dat voordelen wat betreft belasting en uitkering.

Voor stellen die het huwelijk verkiezen is er de verplichte ceremonie ten stadhuize, die nauwkeurig de grenzen van de wederzijdse verplichtingen vaststelt. Trouwen in de kerk is een extraatje naar keus.

Eerlijk zullen we alles delen:
De vrouwenbeweging heeft de geaccepteerde huwelijks-
vormen danig ondermijnd. Hollandse vrouwen, met hun
overspannen rechtvaardigheidsgevoel, hebben dat wat zij
zien als een 'eerlijker taakverdeling' bereikt door de rollen
gedeeltelijk of volkomen om te draaien. De autoriteiten
betuigen hun instemming door de meestverdienende part-
ner (m/v maakt niet uit) een flink belastingvoordeel te
gunnen, en breken met het traditionele beeld van de man
als kostwinner.

DE KOFFIECULTUS

Cloggies lopen op koffie. Ze overleven met stukgekook-
te piepers en kool, maar koffie geeft het leven zin. Verse
Hollandse koffie: geoogst in politiek correcte landen met
de laagste prijs voor de beste kwaliteit, maar gebrand en
verpakt in Holland. Speciale automaten zetten het en lozen
op vaste tijden de niet-verkochte vloeistof. Het leger neemt
thermoskannen mee bij manoeuvres in Duitsland. Zaken-
mensen en vrachtwagenchauffeurs gieten zich ermee vol
alvorens de grens te overschrijden en klagen bitter over
de buitenlandse koffie, die ze tijdens hun reis zo min mogelijk innemen. Veel winkels, supermarkten incluis, lok-
ken klanten met gratis koffie.* Op stations en in de inter-
citytreinen patrouilleren verkopers met koffiewagentjes
op het perron en in de wagons.

Zoals het een dergelijke nationale schat past, wordt de
bevolking al vele jaren vergast op een jaarlijkse koffietest
die wordt gesponsord door diverse organisaties, zoals het
weekblad *Elsevier* en het *Algemeen Dagblad*. Elk jaar bui-
gen deskundigen zich overal in den lande (vermoedelijk
gewapend met digitale thermometers, vergrootglazen en
spuugzakken) over allerlei brouwsels om te bepalen wat
het toppunt van koffie is, zoals in Frankrijk, Spanje en
Duitsland de kwaliteit van de wijn wordt vastgesteld.

---

* (Noot van de vertaler: bij navraag bleek dat die praktijk op het
platteland duidelijk wijder verbreid is dan in de grote steden.)

Het koffiedrinken zelf is een kunst op zich:

1. Controleer of alle benodigde hulpmiddelen aanwezig zijn: een kop gloeiend hete koffie, een dwergachtig lepeltje of roerstaafje, koffiemelk of melkpoeder, suiker.

2. Houd de kop vast met één hand. Is er een schotel, pak dan niet de kop, maar pak de schotel vast alsof het een frisbee is waar u mee gaat gooien.

3. Voeg voor de kleur melk toe (naar wens).

4. Voeg voor de smaak suiker toe (naar wens).

5. Blijf roeren tot de koffie voldoende is afgekoeld. Als u suikerklontjes gebruikt, pook in het klontje tot het is opgelost en benut de rest van de afkoelingsperiode voor krachtig roeren. Is melk of kristalsuiker toegevoegd, roer afwisselend met de klok mee en ertegenin. Drinkt u de koffie zwart, roer zoals u wilt. Hoofdzaak is om tijdens het roeren als gehypnotiseerd naar het kopje te staren.

6. Verwijder het roergerei uit de kop. Tik met het natte einde twee tot vier keer op de rand van het kopje. Dit maakt de omstanders duidelijk dat u de roerfase heeft afgerond en het stadium van drinken intreedt.

7. Plaats het roergerei opnieuw in het kopje.

8. Pak het kopje tussen duim en wijsvinger. Als er een oor is, plaats daarin middel- en ringvinger. Strek nu de

vrije wijsvinger over de kop heen en klem zo het roergerei vast tegen de verste rand. Dat is belangrijk, want het voorkomt dat het roergerei bij stap 9 uw neus zou binnendringen.

9. Hef het kopje naar de mond en slurp luid tijdens het drinken. Verkondig na de eerste zuigende slok: 'Lekkere koffie, hoor!'

DIE VAN HET HOUTJE

Het respect van Hollanders voor religie is een bewezen feit. Vanouds is het land opgesplitst in katholieken en protestanten. Over hun getalsverhoudingen spreken de naslagwerken elkaar tegen: daarover zijn blijkbaar zelfs de Hollanders het niet eens. Hoe het ook zij, als het gaat om de oude gewoonte van het Pausje Pesten zijn de verhoudingen honderd vóór en een tegen. De oorzaken daarvan schijnen te liggen in de archaïsche standpunten van het Vaticaan wat betreft geboortenregeling, abortus, echtscheiding, celibaat, toelating van homoseksuelen en vanzelfsprekend ook de toelating van vrouwen in het priesterambt. In het kort: Vozen en Vrouwen.

Met voorbijgaan aan eeuwen pauselijke politiek krijgt paus Johannes Paulus 11 van alles de schuld. Het hoogtepunt werd bereikt in mei 1985, toen Volksvijand nummer 1 in het kader van zijn Kus-De-Grond-Wereldtournee Holland aandeed. Een warm welkom viel hem ten deel, in de vorm van rellen, betogingen, populaire protestliederen ('Popie Jopie' was een nummer-éénhit), bijtende schoolcabarets, satire op tv, enzovoort. Het legioen slagzinnenmakers kwam op de proppen met juweeltjes als 'Pope Go Rome!', 'Paus Raus!', 'Paus Rot Op!' en parodieerde de film *Ghostbusters* met popebusters-stickers. De zondag daarna waren de Hollanders weer bij de mis en prezen de Heer. Bij de biechtstoelen stonden geen opvallende rijen. Er was schaamte noch schuldgevoel. Niemand, van hoog tot laag, sprak schande van de rellen. Premier Lubbers verklaarde: 'De paus kwam hier als iemand die boven de rest staat. Dat past niet in het Hollandse Denken.'

Verjaarsfeestjes beginnen om een uur of acht en worden gehouden bij de jarige thuis. Zorg wel dat u bloemen en een cadeautje meebrengt, anders wordt u nooit meer uitgenodigd.

Het feestje heeft iets van een open huis. U wordt naar de huiskamer gebracht die voor die gelegenheid de aanblik van een dokterswachtkamer heeft gekregen: alle stoelen staan langs de kant. Daarop zit een rij familieleden met her en der wat vrienden en buren. De familieleden heten u welkom in wat op het eerste gezicht een avondje groepstherapie is: een verleidelijk vooruitzicht.

De verwelkoming bestaat uit een rondje langs de stoelen waarbij u iedereen een hand geeft. Om onduidelijke redenen wordt de nieuwe gast door alle aanwezigen gefeliciteerd en krijgt van elk een onverstaanbare naam te horen. Dit is geheel volgens de etiquette omdat u later, als u een gesprek met iemand wilt aanknopen, een mooie opening hebt: 'Hoe was uw naam ook al weer?'

Juist als u voelt dat nog langer glimlachen onmogelijk is, wordt de spanning weggenomen omdat de koffie en de taart binnenkomen. Nu behoort u in te stemmen met het koor van mensen die uiting geven aan hun extase, en enthousiast tegen niemand in het bijzonder 'lekker!' te roepen.

Tussen het eerste en tweede kopje komt men wat losser en wordt er verrukt commentaar gegeven op de prachtige cadeaus die zijn uitgestald, op de cursus die men volgt of het koopje dat men onlangs op de kop heeft getikt. Tijdens deze adembenemende conversatie hebt u alle gelegenheid om een boodschappenlijstje voor de volgende dag te maken.

Als de koffie en taart op zijn, breekt onveranderlijk de bier- en frisdrankfase aan die vergezeld gaat van wat hapjes en nog meer gesprekken. Dit is het moment om op te staan en elders in de kamer een nieuwe boom op te zetten. U kunt zich altijd terugtrekken op het toilet, of een te overweldigend gesprek voortijdig afbreken door het laatste restje koffie, bier of fris te morsen.

Op een gegeven moment worden de gesprekken onderbroken voor het zingen van 'Happy Birthday' (in het Engels) en/of het treurige Hollandse equivalent ervan dat 'In de gloria' of 'Lang zal hij/zij leven' of 'Verjaarslied' schijnt te heten. (Het feit dat er geen officiële titel is, toont al aan hoezeer de cloggie zich schaamt voor zulke idiote teksten.) Het lied wordt gevolgd door een aantal 'hiep hiep hoera's' en iedereen lijkt zich dol te amuseren.

Als u voelt dat de avond over zijn hoogtepunt heen is, en anders op elk tijdstip tussen tien uur en half elf, kunt u aangeven dat u weg wilt door opnieuw een rondje door de kamer te maken, iedereen een handje te geven, iets ten afscheid te mummelen en opnieuw uw glimlach te voorschijn te halen: 'Wanneer hebben we weer een verjaardag? Dan pas?'

DE FEESTDAGEN

Koninginnedag. Wordt gevierd op 30 april, de geboortedag van de koningin-moeder, omdat er dan kans is op droog weer. De verjaardag van de regerend monarch valt in januari, wanneer het weer gegarandeerd droefgeestig is. Veel steden veranderen op koninginnedag in een gigantische rommelmarkt. De Hollanders bewaren al hun ouwe troep en proberen die op die dag wanhopig te slijten. Er staan, verspreid door het centrum, ontelbare kraampjes die allerhande drank en eten verkopen. De mensenmassa's zijn even onverdraaglijk als de volgestampte cafés. Er zijn bloemencorso's, jazz- en rock 'n roll-bands, goochelaars, vioolspelende kleuters en andere vormen van vermaak.

Tweemaal Kerstmis. Op 21 november komt de Hollandse Santa Claus uit Spanje in Nederland aan, per schip. Na de douaneformaliteiten (niet-betaalde boetes, te veel ingevoerd speelgoed) wordt Santa Klaas (Sinter Claus) niet zelden door de koningin verwelkomd, waarna hij een shotje gaat halen. Sint heeft een witte baard, rode mantel, een grote, roodgouden mijter en draagt een gouden staf. Hij wordt in Holland vergezeld door zijn zwarte dienaar Piet, mits Sint heeft kunnen aantonen dat Piet niet zijn slaaf is, en Piet kan bewijzen dat hij slechts tijdelijk in Holland verblijft en bovendien vast werk heeft.

Het feest van hun voorbarige kerstman Santa Claus vieren de Hollanders op 5 december en, opnieuw, met de kerstdagen. Er zijn twee kerstfeesten, om de materiële zaken (cadeaus) van de spirituele te scheiden. De cadeautjes worden op 5 december verstrekt. 's Nachts zetten de kinderen hun schoen bij de kachel. Sint stopt daar verrassingen in, wat gedeeltelijk verklaart waarom Hollanders zulke grote voeten hebben. Verder worden er rare gedichten gemaakt en plaagt men familieleden en goede vrienden met (goedkope) surprises.

Helaas lijkt de dubbele Hollandse kerst zijn langste tijd te hebben gehad. Steeds meer gezinnen maken van de twee gebeurtenissen één grote klapper en wel (hoe origineel) op 25 december. Dat dit duidelijk financiële voordelen heeft, wordt op subtiele wijze verhuld door het argument dat het om een kindvriendelijk gebaar gaat: zo beschermt men ze tegen 'Sint-stress'. Het schijnt dat hele hordes Hollandse 'wonderkinderen' getraumatiseerd en gestressed raken door te grote spanningen en verwachtingen in verband met het Sinterklaasgebeuren. Het is nog niet geheel duidelijk hoe die stress door een uitstel van bijna drie weken kan worden verminderd.

Oud en nieuw. Aangezien dat het enige tijdstip is waarop vuurwerk mag worden afgestoken, duurt het Hollandse oud en nieuw blijkbaar van 15 december tot 15 februari. Of herdenken ze in die periode de Blitzkrieg? De eerste indruk van een Hollandse jaarwisseling zal zijn dat het land klaarblijkelijk een oorlog is begonnen. Na tien uur 's avonds wordt wandelen door de stad gevaarlijk, aangezien cloggies het enig vinden om rotjes naar voorbijgangers te gooien. Dat volksvermaak gaat tot in de vroege uurtjes door. Bars en restaurants sluiten om acht uur 's avonds of rond middernacht. Na acht uur is er geen openbaar vervoer meer.

Bevrijdingsdag. Traditioneel viert men op die dag de be-

vrijding van de Teutoonse Onderdrukkers in 1945. Vanwege de de pan uit rijzende kosten is de viering nu beperkt
tot eens in de vijf jaar. En waarom ook niet: de soldaten
zijn toeristen geworden, Duitse marken zijn geliefder dan
ooit en Wagner viert triomfen.

Nationale Molendag. De Nationale Molendag wordt niet
nationaal gevierd. In gebieden waar hij gevierd wordt, is
dat meestal in mei. En meestal zijn daar inderdaad molens.

Hoofdstuk 15
Fietsen, flikkers, vlaggen en dijken

Wat zo pijnlijk is voor de ziel, is het voortdurende besef dat het land eigenlijk helemaal niet hoort te bestaan. Alles wat je ziet is beneden het niveau van het water, zompig, lelijk en kunstmatig.

Matthew Arnold, 1859

Dit hoofdstuk behandelt een aantal traditionele en meer recente zaken waarmee de Hollanders zich in de wereld enig aanzien hebben verworven. Dat lijstje is logischerwijs kort en wordt aangevoerd door de twee toeristentrekkers molens en tulpen, in dit boek al eerder behandeld. We gaan nu in op fietsen (uit respect voor de hardnekkig aan die vehikels verslaafde cloggies), dijken (want zonder deze zou dit boek een verzameling blanco pagina's zijn), het Koninklijk Huis en vaderlandsliefde (... van die oude tradities die de Hollanders zowel haten als koesteren, wat zich uit in vlagvertoon zelfs bij de onbenulligste gelegenheden) en homo's (die zich in Holland de geuzennaam 'flikkers' hebben aangemeten).

FIETSEN

Alleen al in Amsterdam zijn het er meer dan 575.000. Of die allemaal in rijdende staat verkeren, of dat hierbij ook de verwrongen en vervallen karkassen gerekend worden die overal in de stad aan bruggen en lantaarns geketend staan, dat is niet duidelijk. Wel duidelijk is dat de Hollanders er zo verzot op zijn dat liefst vijfentachtig procent van de populatie een fiets kóópt!*

---

* (Noot van de vertaler: de schrijvers verklaren de naam 'fiets' als verwijzing naar *feet(s)* = dat wat fietsen voortbeweegt.)

Je hebt ze in soorten en maten, jong en oud. Maar ze worden allemaal vertroeteld. Er is een bloeiende zwarte markt in fietsen; reparateurs en reserveonderdelen zijn even makkelijk te vinden als hondepoep op straat.

Fietsers zijn heer en meester (m/v) in het verkeer (zelfs ex-koningin Juliana placht wel eens op de fiets naar de botermarkt te gaan) en hun volslagen minachting voor andere weggebruikers uit zich in het met vier naast elkaar van stoep naar stoep laveren.

Openbare gebouwen, parkeerplaatsen en het rijdend materieel van het openbaar vervoer, stuk voor stuk worden ze ontworpen met het Tweewielige Wonder in gedachten. De meeste hoofdwegen (snelwegen uitgezonderd) hebben een aparte fietsstrook. Waar dat kan wordt die strook tot een zelfstandige fietspad, met eigen bewegwijzering en stoplichten.

De Machientjes Met Menskracht spelen alle mogelijke rollen: als privé-limousine, bestelwagen, vrachtauto en taxi. Vooral dank zij een extra accessoire van kromme buizen: de bagagedrager. Die draagt kratten, kinderen, katten en honden zonder onderscheid. Speciale kinderstoeltjes kunnen zowel vóór- als achterop worden aangebracht, dit voor grotere gezinnen. Bij afwezigheid van huishoudelijke lading is achterop plek voor één of meer passagiers, traditioneel zijn dat de geliefde (m/v), de echtgenoot (m/v), of combinaties daarvan. Zwaardere lasten (piano's, kasten) vereisen het lenen of huren van een bakfiets, een stevige fiets die aan de voorkant is voorzien van een grote bak of kist.

De laatste ontwikkelingen op het gebied van de fietsologie:
 – een picknick-stoeltje dat ofwel kan worden uitgeklapt terwijl het nog aan de bagagedrager vastzit, of dat geheel op eigen uitschuifpoten kan staan;
 – verlichting zonder batterijen die nadat de fietser is gestopt nog vier minuten blijft branden;
 – hi-tec fietsbellen die langer rinkelen dan de traditionele types.

Het was te verwachten dat het criminele deel der natie

1. *Sjaal, handgebreid of type* PLO
2. *Buttoncollectie, met plaatselijke motieven (dieren-liefde, wereldvrede, tegen kernenergie)*
3. *Bosje Hollands Glorie*
4. *Licht, werkt op dynamo, hoort gedeukt te zijn, mag het niet doen*
5. *Anti-diefstalobject. Mag ook om de nek gehangen worden, of rond de zadelpen*
6. *Fietspomp (nooit onbeheerd achterlaten)*
7. *Plastic draagtas (van supermarkt of boekwinkel), kan ook aan stuur hangen*
8. *Karakteristieke lading*
9. *Bagagedrager (max. bel. 112 kg)*
10. *Noodremmen, maat 43, dubbel uitgevoerd*

niet blind zou blijven voor de aantrekkelijke inkomstenbron die het verkopen van gestolen fietsen vormt. Het neusje van de zalm der Hollandse techneuten is druk in de weer met het beschermen van deze bedreigde vervoerssoort. Men verwacht dat het aantal gestolen exemplaren (900.000 in 1991) zal afnemen door het gefaseerd invoeren van ongeüniformeerde fietssurveillanten en videocamera's in speciale stallingen.

Veilig fietsen is van een goede toekomst verzekerd door plannen van de overheid (kosten 200 miljoen gulden) die onder andere de komst van 'bunkers' inhouden met daarin ronddraaiende fietsenhokken voorzien van een elektronisch slot (Eindhoven krijgt de primeur) en overdekte fietspaden. Zelfs de Nederlandse Spoorwegen doen mee met de belofte van 'de fietsenstalling van de toekomst': een paradijs voor fietsenliefhebbers waar oude karretjes voor een grijpstuiver te ruste kunnen worden gelegd en dure racefietsen veilig in een privé-kluis worden opgeborgen. Magneetkaarten met een PIN-code laten alleen de eigenaar toe. Eventueel zouden robotkranen de karretjes voor ieder persoonlijk te bestemder plaatse kunnen parkeren...

Als een dergelijk enthousiasme nu ook eens zou worden opgebracht voor het bestrijden van andere vormen van criminaliteit...

DIJKEN

Hollanders leggen al achthonderd jaar dijken, dammen, diverse -ducten en sloten aan. En het is nog altijd niet genoeg. Al eeuwen zijn ze noest met water in de weer, en nog steeds hebben ze het in overvloed. Ze hebben geprobeerd het weg te blazen met molens, weg te pompen met molens, ze hebben er meel en papier van gemaakt met molens, en schiepen en passant een toeristische trekpleister. Het resultaat van hun werk heet 'Het Hollandse landschap', een vlakte beneden zeeniveau, van – vrijwel – drooggevallen zeebodem, die volledig zou verdwijnen als de zeespiegel 20 meter zou stijgen.

Een doorsnee cloggie (m) is zo'n 1.88 lang, beduidend

langer dus dan wereldwijd gebruikelijk. In geval van een natuurramp worden ze tot menselijke periscopen en zien hun land zoals het was vóór de mens het bedierf.

Juist omdat woelig water voor de mens te sterk is, werden grote hoeveelheden water door experts het land uitgezet. Een gedeelte van de Noordzee, Zuiderzee geheten, is veranderd in een zoetwatermeer, en grote gedeelten daarvan zijn drooggelegd. Over de afsluitende dijk (de Afsluitdijk) loopt een snelweg. De Zuidelijke Delta, regelmatig ten prooi aan overstromingen, is nu definitief getemd met een hydraulisch bewegende dam.

Niets van dit alles kon tot stand komen zonder luid protest, debatten, demonstraties en compromissen. Na rampzalige overstromingen in 1953, die in het hele land een roep om meer veiligheid deden opgaan, besloot het parlement in 1958 tot vergaande maatregelen. Eind jaren zestig weerklonken de eerste protesten tegen dit project. De voltooiing van de laatste en moeilijkste fase stond gepland voor 1978. Maar protesten zorgden voor oponthoud, waarbij het debat zich toespitste op de vraag of de barrière meestal open moest zijn (vanwege het milieu), of meestal dicht (voor de veiligheid van het land): de vissen en vogels versus het volk. Volledige afsluiting, waarvoor de contracten al waren getekend, bleek uit den boze. Het compromis behelsde dat de dam bij goed weer open zou zijn en bij zware storm dicht. Al met al liep de 'stormvloedkering' acht jaar vertraging op en kostte ze dertig procent meer dan begroot. Hare Majesteit verrichtte de officiële opening (het was die dag goed weer) in oktober 1986.

Begerig om van hun talent de vruchten te plukken hebben de Hollanders de export van hun H_2O-technologie zover doorgevoerd, dat ze in den vreemde schilderachtige kusten aanlegden op plekken waar voorheen alleen een zoutvlakte lag. Ook aan het thuisfront blijft het water goede diensten bewijzen. Kanalen en vaarten zijn onmisbaar voor transport en de talrijke binnenschepen veroorzaken unieke, drijvende files. Het is geen enkel probleem als in hartje winter het water voor een paar weken ijs wordt. Iedereen van twee tot honderdtwee bindt de schaatsen onder, om een heel seizoen gratis te gaan reizen – als hobby, voor zaken, om de sport.

VLAGGEN I - VADERLANDSLIEFDE

De nationale vlag is de Franse tricolore, maar dan een halve slag gedraaid, blauw onder en rood boven: niet buitengewoon origineel, maar hij wordt desalniettemin voor ieder patriottisch wissewasje uitgehangen. Er wordt wel beweerd dat de Hollandse driekleur een paar honderd jaar eerder bestond dan de Franse, maar daar staat tegenover dat er vier eeuwen moest worden gedebatteerd en gedemonstreerd voor de Hollanders er in 1937 eindelijk in slaagden het eens te worden over de ingewikkelde kleurencombinatie.

In de naoorlogse periode maakten de Hollanders zich sterk voor de Europese eenwording: voor het patriottisme een periode van neergang, steeds meer vlaggen bleven in de kast. Maar nu het doel in 1992 bereikt lijkt te worden, kloppen de vaderlandslievende harten weer sneller, uit vrees voor identiteitsverlies. Vlaggenfabrikanten verwachten de komende jaren recordwinsten.

Als een nationale feestdag van doen heeft met het koningshuis, hangt boven de vlag een anderhalve meter lange strook oranje geverfd toiletpapier, het resultaat van het in 1937 gesloten compromis. Deze vlaggers vertikken het geld uit te geven voor een tweede vlag, in tegenstelling tot de enkele aartsconservatieveling die op vorstelijke dagen het oranje-blanje-bleu uithangt.

Holland is een van de weinige Europese landen met een monarchie als boegbeeld – met alle bijkomende schandaaltjes en stuitende persoonlijke rijkdom van dien. De Hollandse Koninklijke Familie behoort tot de rijkste ter wereld. Een roemruchte rel rond het Oranjehuis betrof prins Bernhard, echtgenoot van de in 1980 gepensioneerde, alom geliefde, vorstin Juliana. Niet tevreden met zijn luxe leven op kosten van de belastingbetaler schiep prins B. zich een eigen inkomen; Amerikaanse wapenfabrikanten verbeterden de kwaliteit en prestaties van hun produkten door de prins-gemaal 'donaties' te doen toekomen. Als gevolg van

dit schandaal dreigde koningin Juliana in de beste Hollandse tradities met onmiddellijk aftreden, indien haar echtgenoot aan de vernedering van een proces onderworpen zou
worden. Na een 'onderzoek' trok de regering alle beschul-
digingen in, mits de prins al zijn officiële functies op zou
geven.

In de hoop op een eigen protest-hausse gaven de Huidige
Hoogheden hun troonsbestijging kleur door het leggen
van een link met het nazi-tijdperk, via Hitlerjugend en
Wehrmacht. Liefde overwon, en Claus von Amsberg werd
prins-gemaal der Nederlanden. Bij het koninklijke huwelijk in 1966 schreeuwden een slordige duizend cloggies
hun protest uit: 'Claus, Raus!' Het kostte zeventien jaar
vooraleer de Hollanders deze nieuwste Duitse invaller ac-
cepteerden, en dat pas nadat:

– Claus von Amsberg, bij koninklijk besluit en door
zijn huwelijk, was omgedoopt tot ZKH Claus Georg Wil-
lem Otto Frederik Geert, Prins der Nederlanden, Jonk-
heer van Amsberg;

– Willem-Alexander, de kroonprins, was geboren: de
eerste mannelijke troonopvolger in het huis van Oranje
sinds ruim een eeuw;

– de Prins geestelijk instortte en moeizaam vocht voor
zijn herstel;

– was vastgesteld dat hij aan de ziekte van Parkinson
leed.

De Hollanders zijn als een blad aan de boom omgedraaid
en vertonen nu veel sympathie en (voor zover ze daartoe
in staat zijn) medeleven met HUN Claus.

Die liefde voor het koningshuis lijkt in ƒtrijd met de
Hollandse aard. Een oranjeklant verklaart dat echter als
volgt: 'Zolang de leden van het vorstenhuis niet te veel
pretenties hebben en verstandige dingen zeggen, mogen
ze van mij blijven. Een president is niet veel goedkoper.
Dat hebben we al eens uitgerekend.' De koningin is zeer
bemind om alles wat ze doet, zoals te fiets naar de markt
gaan of zelfs (dat is minstens één keer gebeurd) een fiets-
tochtje over de Walletjes maken. Uit onderzoek blijkt dat
ze bij 90 procent van de bevolking nog steeds zeer populair

is en dat slechts 4 procent niets van haar moet weten. Ook prins Willem-Alexander kan op veel steun rekenen en de Hollanders gaan ervan uit dat hij tegen het jaar 2000 geheel is voorbereid op het koningschap.

VLAGGEN II - VORSTELIJK VUILNIS

Als nog een bewijs voor het latente Hollandse geloof in de goddelijke rechten van een monarch worden alle op straat achtergelaten goederen automatisch eigendom van de Kroon. Mocht dus op een dag uw vuilnis niet door openbare werkers aan de koninklijke collectie worden toegevoegd en staat uw afvalzak of -bak nog onaangeroerd op de stoep, dan kan het volgende gebeurd zijn:

– Hunne Hoogheden hebben al ruim voldoende rottende etensresten enzovoort in voorraad om het moeiteloos uit te houden tot de volgende vuilnisophaaldag.

– De Kroon verleent u uit Koninklijke Genade het Officiële Privilege dat u uw afval een week langer moogt behouden.

Toch heeft u nu een probleem. Wat te doen?

Mogelijkheid 1. Laat de rommel voor de deur staan. De stedelijke autoriteiten zullen uw afval niet opmerken tussen de monarchale hondenmest, prinselijke patatresten enzovoort, maar uw buren merken het wel. Zij doen u waarschijnlijk een stekelig briefje toekomen of bellen aan om te klagen over het koninklijke afval dat ú op straat laat slingeren. Kinderen, katten, honden en ratten zullen de zak openscheuren en de inhoud verspreiden over het plaveisel. Waarna de buren opnieuw langskomen. Alleen in de provincie valt uw overtreding de autoriteiten op en zij zullen er werk van maken.

Mogelijkheid 2. Dump uw vuilnis in een wegberm, op een vuilnisbelt of in een straat waar het paleis nog langs moet komen. In steden maalt niemand daarom. Het is echter wel zo eerlijk u te waarschuwen dat in de provincie ambtenaren zich plegen te vervelen. Zij zullen al uw afval doorwroeten, op zoek naar aanwijzingen omtrent de eigenaar. Als er in de zak enig object aanwezig is dat uw naam en adres vermeldt, ontvangt u daarvan een fotokopie, vergezeld van een waarschuwing. Bij een tweede overtreding wordt u aangegeven bij de politie en beboet, waarschijnlijk voor het illegaal opslaan van koninklijk eigendom.

Te volumineus afval mag op één speciale dag per maand aan de stoep worden gezet. Grofvuil-dag, en de vooravond daarvan, bieden een fascinerend inzicht in Holland. De straten zijn bezaaid met objecten als ijskasten, ovens, wasmachines, piano's en meubilair. In kleinere gemeentes gaan de autoriteiten veel gewetensvoller om met de eigendommen van de koningin. Op afspraak kan men zijn grofvuil eens in de twee weken laten ophalen. Denk daaraan bij het aanschaffen van een kerstboom, want meteen diezelfde dag moet de afspraak voor het ophalen, twee weken later, al gemaakt worden.

In een verhandeling over de vuilnisophaaldienst mag een opmerking over de Razende Recycling-rage niet ontbreken. De Hollanders hebben er lang geleden van afgezien om vuilnis te gebruiken voor het ophogen van hun maaiveld en zich op het recyclen gestort, wellicht op het idee gebracht door het woord bi-cycle. Elk gehucht, elke stad heeft een eigen ingewikkeld systeem bedacht.

Peter Spinks heeft in de *New Scientist* een bewonderenswaardig helder overzicht gegeven van de recyclingpogingen in zijn tijdelijke woonplaats Egmond.

'Elk huishouden beschikt over een groene en een grijze vuilnisbak op zwarte plastic wielen. Die worden om de week geleegd bij vuilophaalplaatsen. Daartoe verschijnt er een enorme rood-gele vuilniswagen met knipperlichten en een automatische bakkenlift. Als de vuilniswagen arriveert is het vuilnis, in theorie tenminste, gesorteerd naar de mogelijkheden voor hergebruik. Groenteafval, etensresten, planten en tuinafval gaan in de groene bak. Plastic, metaal, karton en dergelijke gaan in de grijze. Glas zonder statiegeld dient naar de van gemeentewege geplaatste glasbakken te worden gebracht. Kranten en tijdschriften worden eens in de maand door scholieren opgehaald, als u tenminste geluk hebt. Touw, linten en oude kleren worden twee keer per jaar opgehaald door het Leger des Heils.

Iemand als ik, die een groot krantenlezer is, moet over het geduld van Job en het logistieke inzicht van een generaal Schwarzkopf beschikken om de stapels kwijt te raken. De scholen, die het ophalen van oud papier niet als een beroep maar een liefdadige hobby beschouwen, doen hun werk op de eerste woensdag van de maand, tenzij dat een feestdag is en ze pas op de tweede woensdag langskomen. Huishoudens die groot belang bij het ophalen hebben, worden niet gewaarschuwd en krijgen ook geen kalender waar de "papierdagen" op staan aangegeven.

Ook de vuilnisbakken vragen voortdurend aandacht. 's Winters, als het afval aan de zijkanten zit vastgevroren, dient men de bakken in de zon te zetten, mits die schijnt. 's Zomers dient men de groene bak, met dichtgeknepen neus, te legen in de grijze bak, waarmee het hele idee van gescheiden huisvuil naar de vuilstort wordt verwezen.

Niet dat het scheiden zelf zo eenvoudig is. Neem nu bij voorbeeld een simpel theezakje. Volgens de dogmatici, en dat zijn de meeste Hollanders als geboren calvinisten, moeten de theeblaadjes uit het papieren zakje worden verwijderd en in de groene bak gegooid. Nadat het zakje met een strijkijzer is drooggestreken, wordt het bewaard voor de beruchte papierdag, samen met het labeltje (na het nietje te hebben verwijderd dat in de grijze bak verdwijnt) en het touwtje wordt opgerold voor het Leger des Heils.

Om ervoor te zorgen dat het scheiden niet in het slop raakt, wordt er toezicht uitgeoefend door een heel leger patrouillerende milieu-inspecteurs met ietwat krappe denkramen en een onuitwisbare rode viltstift. Hun taak is duidelijk doch niet te benijden: tot hun ellebogen rondspitten in de vuilnisbakken waarvan de eigenaren kunnen worden achterhaald middels de opvallend aangebrachte huisnummers. Bij de eerste geconstateerde overtreding wordt de bak voorzien van een waarschuwingskruis, de tweede keer wordt de bak niet geleegd: rampzalig.

Overtredingen kunnen gemakkelijker worden geconstateerd bij de groene bakken. Vandaar de vuistregel: bij twijfel de grijze. Dat is dan ook wat veel Egmonders doen, ook als ze niet twijfelen. Dat verklaart waarom er op 'groene dagen' steeds minder bakken staan, en waarom de grijze altijd overvol zijn en er in de ooit smetteloze straten allemaal stinkende troep ligt.'

Je vraagt je af wat de koningin van die puinhoop zegt.

POTEN EN POTTEN

In de jaren zestig begonnen homoseksuele jongens en mannen zich in het openbaar bloot te geven. Hun ontdekking dat er ook andere homo's in de buurt waren, in combinatie met de aangeboren (Hollandse) opstandigheid en vrijgevochten moraal, leidde tot het vormen van actiegroepen, vervolgens tot demonstraties, overkoepelende homoplatforms, homobars, de 06-homofoons en homobladen. De onvermijdelijke tegenzet van de Vrouwen en Meiden volgde snel, met lesbiennes die streden voor gelijke rechten en meer-dan-gelijke randvoorwaarden. Ten minste één lesbisch stel kreeg via kunstmatige inseminatie een kind, recentelijk werd nog gemeld dat zij een genereuze uitkering genieten.

Ondanks hun gemeenschappelijke *raison d'être* trekken potten en poten gescheiden op. Meestal worden vrouwen wel schoorvoetend geaccepteerd in homobars, maar in pottencafés zijn mannen praktisch taboe. Wat ze wel gemeenschappelijk hebben is hun drang tot zelfverheerlijking. Een toepasselijk 'Gay-krant' geheten periodiek publiceerde in augustus 1988 een lijst van voorzieningen voor homoseksuelen (m/v) in ongeveer honderd Hollandse steden en dorpen, met alleen al voor Amsterdam honderdtachtig vermeldingen.

De vrijdenkende inheemsen van Amsterdam bouwden 's werelds eerste monument voor homoseksuelen, in de voorspelbare vorm van drie grote, roze driehoeken. Kort daarop begon het werken aan een verplaatsbaar homomonument dat aan de Britse regering werd aangeboden uit protest tegen aldaar voorgestelde anti-homowetgeving. De rest van het Hollandse volk tracht zich extra 'open' op te stellen tegenover homo's, biseksuelen en draagbare monumenten.

In Holland hebben homoseksuelen minder hard hoeven vechten voor erkenning en rechten dan in de meeste andere landen. Ze hebben zich dan ook aan de Hollandse regels gehouden: lange, uitvoerige discussies, geweldloosheid, demonstraties en ludieke aksies in plaats van agressie, aanstoot of drammerigheid, en een beroep op de Nederlandse tolerantie. Bovendien vinden veel Nederlanders het eerder een pluspunt dan een verwijfd nadeel als een man kunstzinnig en verfijnd is, eigenschappen die immers vaak in verband worden gebracht met homoseksualiteit.

Dat potten en poten rechten hebben verworven, is iets dat zich voordoet bij alle groepen die een plaatsje in de Hollandse samenleving opeisen (en krijgen). Deze verzuiling, waarbij de samenleving is verdeeld in blokken ofte wel zuilen die los van elkaar staan maar de samenleving als geheel wel steunen, heeft in Nederland buitengewoon goed gewerkt. Voor de meeste potten en poten valt er weinig meer te strijden en gaat het leven weer zijn oude gangetje, ook al is de veronderstelde tolerantie ten opzichte van hen vaak slechts oppervlakkig, vooral buiten de grote steden. Een vader kan nog zo tolerant en modern zijn als het om homoseksualiteit gaat, als hij ontdekt dat zijn zoon in homokringen verkeert, kan hij diep geschokt zijn. In sommige gezinnen troost men zich met de gedachte dat homoseksualiteit een modeverschijnsel is. Uit recent onderzoek is echter gebleken dat homo's zo geboren worden.

Tot slot laten we een hoogleraar sociologie uit Groningen aan het woord die in 1991 bekendmaakte dat het verschil tussen de seksen verdwijnt. Als we het goed begrijpen is een samenleving waarin androgynie en biseksualiteit de norm zijn, gezonder en veiliger voor het milieu. Als namelijk meer mensen tegelijkertijd dezelfde gevoelens en seksuele relaties met elkaar delen, zou dat helpen bij het oplossen van de volgende problemen:

- eenzaamheid (serieus!)
- economische overconsumptie (?)
- oorlog (maak dat een oorlogsweduwe of -weduwnaar wijs)
- vandalisme (te moe?)

– gezondheidszorg (maak dat de duizenden AIDS-slachtoffers wijs die Nederland telt).

Hoofdstuk 16
De Nederlandse Taal

Geschreven Nederlands ziet eruit alsof er iemand op een schrijfmachine is gaan zitten!
The Dutch Courier, Australië

Zoals de meeste landslieden houden de Hollanders vol dat hun taal moeilijk is. Nederlands is in wezen een vorm van Duits die zwaar leunt op Engels en Frans, hoewel de meeste geboren Hollanders dat heftig zullen tegenspreken. Als u Duits kent, heeft u het met Nederlands gemakkelijk. Grammaticaal gezien is het eenvoudiger dan Duits.

In het buitenland kom je zelden Nederlands tegen. In feite bestaat er buiten de landsgrenzen geen enkele behoefte aan. De keerzijde daarvan is dat wie een half jaar in Holland verblijft zonder zich in die prachtige Nederlandse taal te verdiepen, aanmerkingen krijgt van beledigde inheemse vrienden en kennissen. Als u – daarom – besluit een cursus Nederlands te volgen, en eindelijk ver genoeg bent om iets daarvan in het openbaar te durven gebruiken, zal uw gesprekspartner u gegarandeerd antwoorden in wat hij denkt dat uw moedertaal is. Ze raden daarnaar op grond van uw accent, en vinden het heerlijk om te laten zien dat ze wel één of twee vreemde talen geleerd hebben.

Hollandse Taalwet
Hoe beter u Nederlands leert, des te meer Hollanders zullen weigeren Nederlands met u te spreken en des te vaker zullen ze klagen dat u nooit Nederlands geleerd hebt.

Het overvloedige gebruik van allerlei klinkers (dubbelklanken inbegrepen), samen met de hoge woordcombinatieconstructiesgebruiksfrequentie (zoals in het Duits), zorgen ervoor dat de geschreven taal er moeilijk uitziet.

Maar in zijn grammatica en uitspraak is het Nederlands zeer consequent.

KEELPIJN (UITSPRAAK)

Er zijn maar een paar moeizame klanken: de gutturale (weergegeven met de letters 'sch' en 'g'), dubbelklanken als ui, ij, ei en het verschil tussen de enkele en dubbele a (man, maan). Als u nog nooit kennisgemaakt hebt met de taal, maar wel in bent voor een experiment, lees dan bij voorbeeld eens hardop de ingrediënten van een blik soep voor, met een mond halfvol stroop.

Tijdens de Tweede Wereldoorlog was het woord 'Scheveningen' (Amerikaans: *Shave-a-nigger*, uitgesproken met zware keelontsteking) een militaire lakmoestest voor het bezitten van de Nederlandse nationaliteit.

Het kost buitenstaanders veel tijd om te wennen aan de grafische aanblik en het geluid van de cloggie-namen: het zijn er veel, en ze zijn lang. Hoewel de door u te gebruiken roepnaam meestal één lettergreep telt, en makkelijk bekt (Huub, Jaap, Piet), is de oorspronkelijke eigennaam plechtiger, en wordt gevolgd door één tot vijf tussennamen, plus de familienaam. In geval van getrouwde vrouwen volgt – na een streepje – nog haar eigen familienaam.
Voorbeelden:

Peter Johannus Theodorus Gustaaf Arnoldus de Jong
Hubertus Cornelis Johan Maria van Dijk
Wilma H. J. M. D. van Leeuwen-Waterdrinker

In praktijk verschijnen die uitgebreide naamcombinaties alleen op officiële documenten, en dan alleen als die er groot genoeg voor zijn.

Je naam gewijzigd krijgen is in Nederland extreem moeilijk: meestal kan dat alleen maar met koninklijke toestemming. Tenzij de naam buitengewoon gênant is.

GRAMMATICA

Er zijn twee taalkundige geslachten: onzijdig, en gecombineerd mannelijk/vrouwelijk. Die laatste mengvorm dateert al van vóór de vrouwen- en homobeweging. Voor het Amerikaanse 'you' kent het Nederlands drie equivalenten. 'U', beleefd en afstandelijk, in zakelijk verkeer en tegenover ouderen. 'U' getuigt van respect, wordt dan ook steeds minder gebruikt en zal, als het taalgebruik in de pas blijft met het nationale afkalven van de beschaving, spoedig verdwijnen. 'Jij' en 'je' (inwisselbaar) zijn de familiaire aanspreekvorm. 'Jullie', niet te verwarren met een maand of een meisje, is het meervoud van jij/je.

Het karakter van een volk verraadt zich in de taal. Een voorbeeld is het dwangmatig gebruik van verkleinwoorden in de omgangstaal. Zoals een Hollandse huisdokter dat uitlegt: 'Alles moet het stempel van de kleinschalige tevredenheid dragen, iets dat ikzelf zie als een van onze meest opvallende eigenschappen.'

Het aanhangsel -je is de meest gebruikelijke manier om te verkleinen. Hollanders drinken een kopje thee, gaan een straatje om, en maken zo nu en dan een wereldreisje.

AAN ÉÉN WOORD GENOEG

'Hallo!'

Laat u door iets wat op vriendelijkheid lijkt niet voor de gek houden: wees, nieuw in Holland, op uw hoede. Als iemand 'Hallo' zegt is dat waarschijnlijk geen vriendelijke groet, maar een bewuste blijk van minachting die u moet wijzen op een begane domheid. Ge-hallood wordt er om anderen in verlegenheid te brengen, bij voorkeur niet-Nederlanders.

'Sorry…'

Een betekenis- en zinloos woord, vaak aangevuld tot 'Sorry hoor' (Amerikaans: *Surrey Whore*).

'SVP'

Naar het Franse *s'il vous plaît* (Amerikaans: *silver plate*), meestal gebruikt in afgekorte vorm. De Hollandse pendant is AUB (afkorting van Als 't U Belieft). Bedoeld wordt niet zozeer een verzoek, maar een bevel (de Duitse invloed, via het Frans, op het Nederlands).

Een fors gedeelte van het volk prefereert de moderne 'progressieve' spelling die nog niet officieel erkend is: dus 'buro' voor 'bureau', 'odeklonje' voor 'Eau de Cologne'. Dat laatste is ook een illustratie van de strijd tussen de Correcten, die de 'c' een 'c' willen laten, en de Rekkelijken, die het als progressief beschouwen om van iedere harde 'c' een 'k' te maken. De oplossing die woordenboeken voor deze kontinuerende kontroverse bieden is de algemene mededeling: 'Vindt u het gezochte woord niet, zoek dan onder "c", k.q. onder "k".'

Hoofdstuk 17
Weet wat u eet

Het aanzien dat de Hollandse keuken geniet wordt nog eens onderstreept door de talloze Hollandse restaurants in Londen, Parijs, Berlijn, New York en Sydney.

Culinaire orgasmes zoals stamppot (gestampte aardappels en groenten) hebben blijkbaar toch minder snob-appeal dan Coq au Vin à la Bourguignonne of Scaloppine di Vitello al Marsala. En Edammer Kaas is geen partij voor Caprice des Dieux of Zwitserse Gruyère.

Hollands appelgebak onderscheidt zich van buitenlandse pendanten door de rituele entourage waarin het genuttigd wordt. Bij voorkeur in gezelschap van goede vrienden, in een gezellig café, wordt hapje na hapje het appelgebak (met of zonder slagroom) genoten, met veel koppen verse koffie, en met na iedere mondvol weer een lange pauze voor diepzinnige gesprekken.

Erwtensoep is Hollands traditionele *pièce de résistance*: als sappige soepstart, als overweldigend hoofdgerecht, zie maar. Het bestaat uit een heerlijke warme erwtenbrij, met daarin hompen vlees en groente. Het wordt gegeten met lepel en slabbetje om, en is als bouwpakket te koop in speciaalzaken. Supermarkten hebben erwtensoep ook in blik of als poeder. Als er al een nationaal Hollands gerecht bestaat, is dat erwtensoep.

Hutspot (stamppot van aardappels, peen, uien en een vermoeden van vlees, rijkelijk overgoten met vette jus) is een hartige schotel, en zo opwindend als een stamppot maar kan zijn. Vooral 's winters erg gewild.

Uitsmijter (ham en/of kaas), twee halfgebakken eieren en ongeroosterde toast) wordt vooral gegeten als zelfs de Hollanders het standaard lunchvoer even niet meer kunnen verdragen.

Er zijn maar weinig typische streekgerechten zoals de traditionele lekkernij waar de Brabanders prat op gaan, balkenbrij genaamd: varkensbloed en -reuzel die worden gekookt, gebonden met bloem en geserveerd met gebakken spek.

TWAALFUURTJES

Het vaste hoogtepunt van de lunch is watertandend mogen kiezen tussen open of dichte sandwiches. Cloggiebrood, dat nogal droog en bleek is, op het muffe af, wordt licht besmeerd met ongezouten boter of zoutloze margarine, en belegd met doorzichtige plakjes fabrieksham of zweetkaas. Het gebrek aan zout in de smeermiddelen is waarschijnlijk bedoeld om de zoute hap erbovenop te neutraliseren: Edammer wordt tijdens de fabricage gezouten, zodat het toch nog ergens naar smaakt.

Cloggies eten hun zoute sandwiches steevast met mes en vork, en spoelen ze weg met koffie of vruchtesap, om uitdrogingsverschijnselen voor te zijn.

Het karakteristieke dessert bestaat uit één appel of één sinaasappel, geschild met hetzelfde mes waarmee het hoofdgerecht versneden werd. Kijk eens goed hoe een cloggie zijn fruit schilt:

– Bij appels en peren probeert hij een zo lang mogelijke spiraal te maken. Of dat lukt, is van geen belang, tenzij je bijgelovig bent. Het gaat erom het zo stijlvol mogelijk te doen. Het (botte) mes jakkert langs de vrucht, van steel tot ster, in één doorgaande, poëtische en dodelijke beweging: een combinatie van Marcel Marceau en Jack the Ripper. Een bijgelovige is nu verplicht de schil boven het hoofd te houden en te laten vallen. De letter die uit de gevallen schil kan worden afgelezen is de initiaal van de volgende geliefde van de peller/pelster. Die van ons heten GIU respectievelijk SCUG.

– Bij sinaasappels wordt eerst de bovenkant (en wellicht de onderkant) ritueel besneden. Vervolgens wordt met chirurgische precisie een snee gemaakt die loopt van wat er over is van de bovenkant tot aan de idem onderkant. Identieke incisies worden met tussenafstanden van ongeveer

30 graden over de hele omtrek gemaakt zodat de schil in regelmatige stukken wordt verdeeld. Vervolgens presteert de consument het om de sinaasappel segment voor segment van zijn jasje te ontdoen waarna de ontmaagde vrucht geheel naakt en consumptiebereid is.

Het nuttigen van de vrucht is een peuleschil vergeleken met de veroveringstechniek die ertoe heeft geleid dat de ontklede vrucht hulpeloos in de handen van de verkrachter ligt, als een Engelse politicus op een vergadering van de EMU.

Hoe komen de Hollanders aan hun exclusieve aanpak? De meest waarschijnlijke en logische verklaring is hun hartstochtelijke liefde voor de aardappel die ze bij voorkeur in zijn geheel serveren. Er is maar één manier om een gekookte aardappel te ontvellen zonder dat hij in kruim uiteenvalt, en dat is bovengenoemde spiraaltechniek waarbij de aardappel in één doorgaande beweging van noord- tot zuidpool wordt geschild. Deze wijze van piepers (ont-) jassen is klaarblijkelijk overgenomen voor het schillen van alle soorten ronde vruchten.

RESTAURANTS

Buitenlandse restaurants, te vinden door stad en land, zijn populaire trefpunten. Italiaans, Grieks, Chinees, Indonesisch: overal zijn ze. Turks, Indiaas en Mexicaans zijn sterk in opmars. Helaas worden de geserveerde gerechten vaak verruïneerd door substituten voor een aantal ter plekke niet-verkrijgbare originele ingrediënten. Zoals ook in de rest van Europa.

Traditionele Hollandse restaurants zijn er ook. Ze bieden een aantal van de eerder genoemde gerechten, en voegen als klantenlokkers andere Europese klassiekers toe, zoals Wienerschnitzel, Jägerschnitzel, kinderporties biefstuk en tartaar (gemalen rauw vlees).

Belangrijker dan het voedsel is de ambiance die het etablissement doordrenkt. Hoe genoeglijker de sfeer, des te populairder het restaurant. Als de entourage naar de zin is, vinden de Hollanders het niet erg om wat dieper in de beurs te tasten. De opgelegde sfeer van veel restaurants

128

wordt stevig doorgezet in het decor, dat een melange is van al die prachtige attributen waarover u al eerder las, zoals bloemen, planten, koffie, appelgebak, netheid, muziek, de warme gastvrijheid van het personeel en het prijsniveau. Verlichting, meubilair en de stijl van het servies (porselein, etc.) tellen ook. Openlijke steun aan de 'goede zaak', variërend van zeehondjes tot bevrijdingsbewegingen, wordt ook gebruikt om volk te trekken: de eetgelegenheid is dan behangen met posters.

Waar u ook eet, wanneer het eten op tafel komt gelden er vaste regels. Voor u begint, wens uw gezelschap een prettige maaltijd toe, naar keus met: 'Eet smakelijk', 'Smakelijk eten' of 'Eet ze'. Ook voor betalen geldt een vast protocol. Dat schrijft voor dat wie wordt uitgenodigd voor een etentje, zelf betaalt (*go dutch*). Wanneer iemand anders voor u betaalt, stel daar zo snel mogelijk hetzelfde tegenover.

SNACKBARS

Lang voor de fast-food cultuur het Westen veroverde, kende Holland al snackbars. Een muur met glazen hokjes duidt op de aanwezigheid van gastronomische traktaties als sufgebakken dan wel halfrauwe kipvleugeltjes, hamburgers, kroketten en non-descripte platte deegwaren. In combinatie met de standaard te zoute 'friet' (badend in mayonaise) is dat precies de snelle hap waarmee een jogger na uren zweten razendsnel weer op krachten komt.

Populairder nog lijken de relatief nieuwe shoarmasnackbars, die te herkennen zijn aan een grote hoge grill, strategisch geplaatst achter de (ex-)winkelruit, waarin verticaal een staaf vol dunne lappen lamsvlees draait. In dat soort zaken assembleert men de hamburger-van-het-oosten, te weten een doorgesneden pita-broodje boordevol gegrilde stukjes vlees, slappe slablaadjes en een hete saus die elke natuurlijke smaak maskeert.

TIP VOOR FOOI

Veel restaurants in Europa verwerken de fooi automatisch in de rekening. Als de fooi niet inbegrepen is, laat de

Hollander standaard een paar muntjes op tafel achter, om zijn dankbaarheid uit te drukken. En terwijl buiten Holland een fooi van tien cent als zware belediging geldt, zien Hollandse klanten zo'n bedrag als een indrukwekkend symbool van hun waardering. Het restaurantpersoneel denkt daar waarschijnlijk anders over.

Wie zijn dagelijkse kost liever vloeibaar nuttigt, en dan in de vorm van iets sterkers dan melk, vindt in de Hollandse bars volop gezelschap en menselijk contact. Sommige bars zijn vierentwintig uur per dag open, andere alleen overdag, of 's avonds en 's nachts.

Ook als u alleen drinkt, zult u zich niet vervelen. De meeste bars zijn van boven tot onder behangen met een monumentaal rariteitenkabinet. Als de bar een geschiedenis heeft, hangt die aan de muur. Als de eigenaar een geschiedenis heeft, hangt die aan de muur. Als de naam geschikt is voor uitbeelding, gebeurt dat op alle muren. Enzovoort. Ziet u aan een touw een bel hangen, of ziet u aan een bel een touw hangen, niet aan komen, zelfs niet als het publiek u daartoe aanzet. Want het luiden van de klok komt u te staan op een consumptie voor alle aanwezigen – naar hun eigen keus. Pas ook altijd op met te zeggen: 'Laten we een borreltje gaan drinken.' Al snel wordt dan begrepen dat u trakteert.

Hollandse gin (genever, jenever) kan aankomen als een rechtse directe. Hollands bier is zoet, pittig en sterk. Bier bestellen kan zeer verwarrend zijn voor wie dat als buitenlander de eerste keer in het Nederlands doet. Welk woord voor 'bier' je ook gebruikt, de barman zal geheid antwoorden met een andere term. Ook hier speelt weer de obsessie met verkleinwoordjes (zie hoofdstuk 16).

'Mag ik een bier?'
'Een pilsje?'

Let op: het verkleinwoord heeft hier niets te maken met de omvang van het glas.

'Mag ik een pils?'
'Een biertje?'

Het lijkt op pesterij, en dat is het ook vaak. Wilt u wel een klein glas, verklein dan het woord 'klein'.

'Mag ik een kleintje pils?'
'Ah, een kleintje voor meneer!'

Overigens lijkt het alleen maar of u de termen pils en bier door elkaar kunt gebruiken: bestelt u Belgisch bier of een andere variant, gebruik nooit het woord 'pils'. Daarmee laat u kennen dat u er niets van af weet, en u zult met een buitengewoon medelijdende blik worden afgestraft.

Bier wordt in de regel geserveerd in kleine, bloempot-achtige glazen. Na het inschenken ontwikkelt zich een aanzienlijke hoeveelheid schuim (de 'kop') die er met een natte spaan wordt afgeveegd. Het eindresultaat is voor buitenlandse bezoekers vaak schokkend. Duitsers vinden het wegvegen van het schuim lachwekkend en vinden de geserveerde hoeveelheid ontoereikend; ook Britten voelen zich te kort gedaan maar laken juist het overvloedige schuim dat resteert. Fransen en Italianen drinken gedwee en verlangen terug naar huis, terwijl Amerikanen er een medelijdende blik op werpen en zeggen:

Doe mij er maar een. Maar dan wel in de rookvrije afde-ling. En 't moet een organisch biertje zijn, met weinig calorieën of cholesterol, verrijkt met haverzemelen, maar zonder suiker of zout. En niet te veel ketchup graag.

HOLLANDSE SUSHI

Lang voordat het Westen ontdekte hoe genoeglijk het is om, gezeten aan een laag, zwartgelakt tafeltje, te smullen van Japanse rauwe vis, deden de Hollanders dat al, zij het op een geheel andere wijze en in een zeker zo grootse stijl. Ze staan daarbij voor een viskraam, houden een rauwe, gepekelde en met rauwe ui besnipperde haring aan zijn staart en laten dit ooit levende wezen in hun opengesperde mond glijden. Na twee keer slikken en veel gesmak van lippen vegen ze de ui-resten van mond en kleding en is het festijn achter de rug.

Op al even weerzinwekkende wijze gaan ze om met paling. De dunne worden gerookt en de dikke gebakken paling. De dunne worden gerookt en de dikke gebakken of in botersaus geserveerd. De braakpapillen worden extra geprikkeld door het feit dat de palingkop voor consumptie niet wordt verwijderd.

BESCHUIT MET MUISJES

Ze noemen het beschuit met muisjes en buitenlandse pogingen om dat uit te spreken zijn gedoemd te mislukken. Het betreft hier 'Nederlands-Engelse muffins met baby-muisjes', waarbij de muisjes roze en wit gesuikerde anijs-zaadjes zijn. Het zelf klaarmaken en/of nuttigen van dit traditionele hapje moet ten sterkste worden afgeraden. Laat u eerst voorlichten door een inboorling.

Beschuiten zijn ronde, zeer droge en breekbare koeken. Een beschuit halveren lukt niet: u houdt kruimels over. De *mode d'emploi* voor deze verrukking begint met boter óp of bóven kamertemperatuur. Zonder dat bent u ner-gens. Besmeer de beschuit en tracht breken van het brosse produkt te voorkomen. De boter dient als lijm voor de muisjes waarmee de beschuit wordt bestrooid.

De volgende en lastigste stap is het eten van deze lekker-nij zonder er een bende van te maken. Van de onervarene eist dat een enorme techniek. Afhankelijk van de hoek waaronder u de beschuit naar de mond brengt en de ver-houding muisjes : lijm, rollen er meer of minder muisjes in uw schoot of op de grond. Waar ze ook terechtkomen, ze doen onmiddellijk aan muizekeutels denken. Vermijd het eten van beschuit, al dan niet met muisjes, als u in bed ligt, want beschuitkruimels tussen de lakens zijn vele ma-len erger dan het gemeenste zand.

Men trakteert op beschuit met muisjes op de dag dat een baby geboren wordt of uit het ziekenhuis thuiskomt. U moet dus niet verbaasd zijn indien uw grutter u geluk-wenst als u beschuit en muisjes inslaat.

N.B. Muisjes worden niet in wit-en-blauw geleverd zo-als u misschien zou verwachten. Het geslacht van de baby wordt aangegeven door de oppervlaktestructuur van de muisjes: ruw voor jongens, glad voor meisjes. En verwar nooit *muisjes* met *meisjes*!

Drop (of dropjes) is het toppunt van Hollands. Drop is verkrijgbaar in allerlei maten, vormen en smaken, en het is bijna altijd zwart: dat helpt zo goed bij het uit elkaar houden van de soorten. Drop wordt voorverpakt verkocht, maar ook 'vers', in welke vorm het vooral op de markt geliefd is. Een overdosis drop kan hoge bloeddruk tot gevolg hebben.

In 1990 spendeerden de cloggies 248 miljoen gulden aan drop, bij een omzet van 75.000 kg per dag. De Nederlandse dropmarkt is dan ook stabiel en gezond. (Eén producent gebruikt 25 verschillende recepten.) Een greep uit het aanbod:

– zachte, taaie visjes	– standaard muntdrop
– taaiere halve maantjes	– Engelse drop (gemengd)
– gevulde baguette	– met een hard suikerlaagje
– dubbelzoute ruitdrop	– verkeersborden
– enkelzout knoopjesdrop	– ontwerp tovenaarshoed
– zoet/zout boederijdrop	– katjes (verschillende houdingen)
– hapgrote Twizzler	– Flintstone-figuren
– Manneke Pis	– gekleurde blokjes
– hartvormige honingdrop	– veterdrop

Seksshops (zie hoofdstuk 18) verkopen misschien nog andere vormen.

De buitenlander die besluit wat drop te proeven, moet niet verbaasd zijn als hij het na twee tellen weer uitspuugt. Dat doen de meesten.

Als u tot de conclusie komt dat u echt niets van het spul moet hebben, kunt u maar beter uit de buurt van een geliefde kermisattractie blijven waarbij deelnemers hopen dat de hoeveelheid drop die ze opscheppen precies een half pond is. Hebben ze het goed, dan mogen ze de zak voor niets meenemen, zitten ze ernaast (ook al is het slechts enkele milligrammen), dan moeten ze ervoor betalen.

Als u (eindelijk) bij een Hollander op de koffie wordt genood, zal u naar alle waarschijnlijkheid bij de koffie een koekje worden geserveerd. (Zie hoofdstuk 14 voor de koffiecultus.) Dat presenteren van een koekje is iets dat de buitenlander lang bijblijft. Meestal wordt er, nadat de koffie is ingeschonken, uit een indrukwekkende houten kast een blikken trommel gepakt. De geheimzinnige trommel wordt geopend en men verzoekt u er een koekje uit te nemen (één enkel koekje), waarna de trommel met een klap wordt gesloten en opgeborgen. Wie koffie heeft genomen, krijgt een koekje. Heeft u bedankt voor de koffie, dan gaat het koekje aan uw neus voorbij.

Hollandse visites verlopen volgens een vast patroon. Eerst wordt u uitgenodigd voor een kopje koffie met een koekje. Als ze u aardig vinden, wordt u wellicht gevraagd wat langer te blijven en zet men u een alcoholisch drankje en wat hapjes voor. U hebt het helemaal gemaakt als u voor het eten wordt uitgenodigd, want voor de Hollander is het avondeten in de eerste plaats een familieaangelegenheid. Vooral de oudere generatie zal u niet gauw te eten vragen.

VUILE VAAT

Als u te eten wordt gevraagd, is u wellicht ook het geluk beschoren om een Hollandse afwas te kunnen gadeslaan (als u hem al niet zelf mag doen) omdat u vanuit de woonkamer vaak een blik in de keuken wordt gegund. In principe verloopt de afwas als volgt:

– Wurm een plastic bak ter grootte van de gootsteen in de gootsteen. Voeg een milieuvriendelijk afwasmiddel, kokend heet water en (desgewenst) een spons toe.

– Nadat u de spons hebt verruild voor een afwasborsteltje, vist u met de steel ervan een voorwerp uit het loeihete water.

– Schrob het schoon met het borsteleind van de afwasborstel. Gaat het om een lang voorwerp, trek u dan niets aan van het feit dat het borsteldeel niet bij de bodem kan.

– Is het voorwerp uiteindelijk schoon, zet het dan in

het afdruiprek en zorg ervoor dat u de zeepresten niet afspoelt.

– Laat de borstel onder in het afwasteiltje glijden.

– Doe een aantal pogingen om de afwasborstel uit het hete water te vissen. Is dat gelukt, jongleer dan net zo lang met de borstel tot hij voldoende is afgekoeld voor gebruik.

– Duik nu een volgend artikel op en herhaal bovengenoemde handelingen tot het teiltje leeg lijkt. Er blijken altijd nog een paar theelepeltjes te zijn achtergebleven.

– Vul, indien nodig, het teiltje opnieuw met vuile vaat en herhaal het proces. Is het water smerig maar nog wel heet, gebruik het dan opnieuw. Is het schoon maar slechts warm, neem dan nieuw.

– Is dit alles achter de rug, pak dan een theedoek om eventuele zeep- en voedselresten over de 'schone' voorwerpen uit te smeren.

– Ten slotte staat u voor de interessante opgave – en niemand die u dáárbij kan helpen – om de volle, hete, slappe en zo mooi passende afwasbak uit de gootsteen te tillen zonder dat alles onder het water komt.

Hoofdstuk 18
Sex 'n drugs and rock 'n roll

'Rijke Hollanders praten nog liever over hun seksuele leven dan over hun geld; en hun seksuele leven is aanmerkelijk minder boeiend.'

J. van Hezewijk, auteur van *Netwerken van de top-elite*,
1987

'Laten we ons realiseren dat wij een open maatschappij
zijn: een lief, klein en schoon landje. Wij kennen niet het
dodelijke terrorisme dat andere landen kennen.'

Cees van Lede, voorzitter van het Verbond van Nederlandse Ondernemingen, 1987

Elke maatschappij, hoe rijk of puriteins ook, heeft haar
schaduwzijden. Aan de meer verfijnde kanten van de Hollanders hebben we al zestien hoofdstukken besteed: nu
dus de diverse schandvlekken.

De drie grootste steden (Amsterdam, Rotterdam, Den
Haag) zijn speeltuinen voor ieder die zich jong voelt, en
vormen 's lands brandhaard van zedeloosheid, misdaad en
corruptie. Amsterdam is ooit eens uitgeroepen tot de culturele hoofdstad van Europa. Al veel eerder verwierf het
zich de eretitels Homohoofdstad en Drugshoofdstad van
Europa, en stond die koppositie nooit meer af.

In de provincie treedt het verval van normen en zeden
in mildere vorm op. Op sommige plaatsen heeft een streng
protestantse moraal het tij zelfs weten te keren, zelfs zo
doortastend dat sigarettenautomaten op zaterdagnacht
worden leeggehaald, om verkoop op zondag te voorkomen.

SEKS ALS REFLEX
Er wordt wel beweerd dat Hollanders het onderwerp

seks benaderen met de warmte en hartstocht van een blok ijs. De overheid stimuleert seksuele activiteiten voor iedereen van veertien jaar en ouder. In 1987 gingen zelfs luide stemmen op om de wettelijk toegestane leeftijd te verlagen van zestien naar twaalf jaar. Veel moeders letten bij hun jonge dochters zorgvuldig op de eerste tekenen van menstruatie. Dat is het moment waarop het onzekere, enigszins aangeslagen meisje naar de dokter moet voor haar eerste anticonceptiepakket. Voor jongens ligt het anders. Veel vaders beginnen hun zoons na de eerste verschijnselen van puberteit te achtervolgen met seksuele aanmoedigingen. Er dient overijverig geëxperimenteerd te worden: de gevolgen lijken er soms niet toe te doen. Dit indrukwekkende vertoon van begrip en tederheid is het zaad waaruit de latere seksuele instelling van de kinderen groeit. Tegen de tijd dat zij volwassen zijn, is het bedrijven van seks een planmatig onderdeel van de dag geworden. Zoals een huisvrouw zei: 'Ja, seks, dat doe je 's morgens en 's nachts, net zoals tandenpoetsen.'

Bij etentjes of op recepties mag seks openhartig, doch koeltjes ter sprake worden gebracht. 'De kinderen hadden het gisteren erg leuk op het strand. We hebben heerlijk gevrijd vannacht. Ik moet binnenkort naar de tandarts.'

Een spontaan vertoon van bloot behoeft in geval van cloggies niet altijd te worden uitgelegd als een seksueel gebaar. Ze gaan bij de minste aanleiding en ten overstaan van iedereen uit de kleren. Een buitenlander die, onkundig van dit trekje, voor het eerst bij een kennis op bezoek gaat en voor die gelegenheid een kledingstuk als cadeautje meebrengt, moet niet raar staan kijken als de nieuwe kennis zich zonder bedenken voor de ogen van de aanwezigen ontkleedt om het kledingstuk te passen. Idem wordt van de vreemdeling verwacht dat hij net zo makkelijk met zijn bloot te koop loopt als de oorspronkelijke bewoner. In de kleedkamer van de arts hangt geen badjas, en de patiënt wordt geacht zich poedelnaakt te vertonen aan dokter, personeel en co-assistenten.

Het onderwerp abortus (een geboorterecht van Vrouwen) wordt met eenzelfde nonchalance behandeld. 'Ben je al ongesteld geworden!' 'Nee, ik heb een abortus gehad. En op weg naar huis had ik een lekke achterband.'

In een poging om seks wat boeiender te maken, zijn er nu condooms met lampjes of een smaakje, en eetbaar ondergoed te koop.

SEKS ALS HANDEL EN NIJVERHEID

De prostitutie in de grote steden bloeide op dank zij de tijdens lange reizen opgespaarde driften van zeelui. De Hollanders, altijd gespitst op een makkelijk verdiende gulden, schiepen snel *Red Light Districts*, en bestemden zelfs complete wijken voor de seksuele nijverheid. Die gebieden treft men voornamelijk aan in de *Randstad*, vooral in Amsterdam. Toen in het Westen de seksuele openheid zich in de jaren zestig aandiende, werden de rosse buurten van sloppenwijken tot toeristische trekpleisters. Prostituées accepteren alle gangbare creditcards, cheques, vreemde valuta – zolang het maar geld is. Ze hebben een sterke beroepseer, komen open en bloot voor hun bezigheden uit, ondergaan regelmatig door de plaatselijke overheid georganiseerde medische controles, onderhouden een gezonde relatie met de plaatselijke belastinginspectie en mogen hun beroepskosten van de belasting aftrekken.

Omdat het maatschappelijk gezien voordeliger is om in Néderland voor poen te pezen, bevinden zich in de rosse wijken veel buitenlandse elementen (in Den Haag heeft meer dan een kwart van de prostituées een niet-Nederlands paspoort). Ze komen het land binnen, werken drie maanden en eisen voor hun vertrek teruggave van betaalde belastingen als 'deel uitmakend van een rondreizend circus'.

Maar helemaal gladjes verlopen de zaken niet gezien de veelgehoorde klacht dat het zo moeilijk is om Marokkanen, Turken en zelfs veel Nederlanders zover te krijgen dat ze 'een condoom om hun mast sjorren'.

De Rode Draad, een organisatie die de belangen van de cloggies van plezier m/v behartigt, komt vaak in het geweer tegen de steeds strengere eisen van de overheid op het gebied van verlichting, sanitaire voorzieningen en de arbeidsomstandigheden in deze sector. Zoals elke Hollandse organisatie heeft ook de Rode Draad een reeks eisen geformuleerd, waaronder deze:

– Laat sekswerkers (prostituées) zelf kiezen of ze in een club of zelfstandig willen werken. 'Prostitutie is een creatief beroep en dat vereist creatieve regels.'

– Onthef prostituées van de plicht om aan officiële instanties hun echte naam bekend te maken.

– Zorg voor betere arbeidsvoorwaarden, zoals opname in het ziekenfonds, uitkering bij ziekte, speciale belastingtarieven, pensioenvoorzieningen, zwangerschapsverlof en doorbetaling tijdens de menstruatie.

De beste oplossing van het probleem zou zijn: maak de plaatselijke overheid tot mede-eigenaar van deze bedrijfstak. Dat kan door bordeelhouders subsidies uit de potjes voor volksgezondheid, sociale voorzieningen, toerisme en kunst te geven, zodat de dienstverlening verbeterd kan worden: condominiaal beheer.

Het grootse verzet tegen openlijke prostitutie komt van het leger van Bevrijde Vrouwen (hoofdstuk 11). Die beschouwen de zelfstandige en ondernemende 'dames van plezier' als een ziekte die de oprechte en eerlijke Hollandse Levenshouding aantast. Met andere woorden, juist diegenen die strijden voor de bevrijding en onafhankelijkheid van de vrouw hebben de grootst mogelijke bezwaren tegen vrouwen die zoiets inderdaad bereikt hebben.

In het begin van de jaren negentig experimenteerde de gemeente Arnhem met het instellen van een 'gedoogzone'. Het experiment (kosten: 300.000 gulden) mislukte doordat de wijkbewoners protesteerden en tot actie overgingen: vier maanden lang werd er elke avond tussen 9 en 2 door bij elkaar zo'n 20 man gesurveilleerd. Daardoor ontstond een sfeer die volgens de pers 'enerzijds te bedreigend en anderzijds niet anoniem genoeg was om de prostituées en de welzijnswerkers met het project te laten beginnen'. Dat leidde tot een ander experiment waarbij heroïnehoertjes gratis heroïne kregen...

Uiteindelijk draaide de Nederlandse overheid bij en werd prostitutie honderd procent legaal – en dus ook belastbaar. 'We willen de seksindustrie uit de criminele sfeer halen en onderwerpen aan strenge regels voor wat betreft medische voorzieningen, arbeidsomstandigheden en orde-handhaving,' zei kamerlid Marian Soutendijk. De lichte dames legden het anders uit: 'In feite krijgen we gewoon een andere pooier,' brieste een zegsvrouw van de nationale bond van prostituées.

Om nog nogmaals goed duidelijk te maken dat betaalde seks volstrekt getolereerd is, deed een hoog rechtscollege de uitspraak dat een ernstig invalide man maandelijks een bedrag van 65 gulden uitgekeerd diende te krijgen voor een bezoekje aan/van een 'seksueel werkster'. Het bedrag was geen al te zware post op de begroting van de betrokken gemeente (Noordoostpolder). 's Mans eis was gebaseerd op een psychologisch rapport dat stelde dat de man eens per maand behoefte aan seks had. Opstellen in rotten van vier, heren!

Voor wie meer van solistische en kunstmatige seks houdt is er een imponerend aanbod van pornografie. Seks-shops floreren: je kunt geen stadscentrum van enige om-vang betreden, zonder in vijftig procent van de straten te stuiten op een weidse etalage vol hulpmiddelen, video's, lingerie en vakbladen voor alle menselijke standaarddevia-ties. De concurrentie is zo fel, dat sommige seksshops zich specialiseren in bij voorbeeld homo-, lesbo-, Duitse schoolmeisjes-, kinder- of hondenerotiek.

DRUGS I - HASJ BIJ DE VLEET

Het Verdovende Netwerk en de uitzinnig tolerante hou-ding van Hollanders tegenover drugs, ze zijn even bekend als de tulpen en de molens, waarbij moet worden aangete-kend dat de Randstad op dat gebied het meest actief is.

Wat toeristen choqueert is voor Hollanders een deel van het dagelijks leven. Het is in Amsterdam doodnormaal om in woningen en publieke gelegenheden marihuanaplanta-ges aan te treffen. De inheemsen kijken van een openbaar jointje absoluut niet op. Geschilderde marihuanabladeren prijken op de ruiten van hasjcafés, beter bekend onder hun schuilnaam 'coffeeshops'. Wees niet verbaasd als koffie nu juist het enige is wat daar niet direct verkrijgbaar is. Van sterke drank is in zulke cafés geen sprake: hun vergunning staat alleen onschadelijke vruchtesapjes toe. De Hollanders huldigen het medische standpunt dat soft drugs onschuldiger zijn dan het maatschappelijk meer geaccepteerde drankmisbruik.

Gelegenheden waar soft drugs verkrijgbaar zijn, ontstonden halverwege de jaren zeventig, en hun verschijning hangt nauw samen met de nationale obsessie voor maatschappelijke tolerantie, die sterker bleek dan de wet. Volgens de Opiumwet van 1976 is het verboden soft drugs te importeren, te vervoeren en in bezit te hebben. Maar wie 30 gram of minder bezit of verhandelt, begaat slechts een overtreding (van dezelfde orde als zonder achterlicht rijden of tegen de kerk urineren). De Nederlandse regering verpakte haar verklaring van 'het is niet verboden' in zorgvuldig geformuleerde bewoordingen: 'We zien geen kwaad in het in bezit hebben of gebruiken van soft drugs,' deelde een woordvoerdster van het ministerie van Justitie mee. 'Op een bepaalde leeftijd stoppen ze (de gebruikers) ermee. We hopen dat degenen die soft drugs willen proberen niet bij degenen terechtkomen die hard drugs verkopen.'

De vraag rijst hoe de hasjcafés hun voorraden aanvullen gezien het feit dat er geen verkeersopstoppingen zijn gerapporteerd van dealers die hun waren in porties van 30 gram kwamen aanleveren. 'Geen idee,' bekende een woordvoerder van de Amsterdamse politie. 'Dat kan ik niet zeggen,' openbaarde de eigenaar van zo'n café.

De jongste generatie cloggies gaat helemaal te gek op soft drugs. De hasjcafés hebben diverse soorten zaden en kweekplanten in voorraad, kunstmest en potten. De uitbater maakt zijn klanten met groot enthousiasme wegwijs in de kwekerij en werkt in zijn voorlichting netjes alle mogelijkheden af:

1. Het planten: binnenshuis, buiten, of in de kas.
2. De juiste oogstmaand.
3. Het beste gebruik van de natuurlijke lichtinval.
4. Toestand van de grond.

De plaatselijke autoriteiten houden een (tolerant) oogje

in het zeil. Als een ondernemer in de hasjbranche (omzet 650 miljoen per jaar) de grenzen overschrijdt, wordt zijn gelegenheid gesloten. Hoewel ondernemingen als de leverancier van kant-en-klare 'space cake' of de 'Blow Home Courier Service' gedwongen werden te sluiten, worden andere, zoals de Hasjtaxi (zie hoofdstuk 3), aangemoedigd om door te gaan.

DRUGS II - DE HARDE AANPAK

Hard drugs worden niet zo openlijk aan de man gebracht. De handelaren beschikken over een leger van hulpjes uit de diverse minderheidsgroeperingen, die op jacht gaan naar klanten, op de stations, in musea, parken, jongerencentra, kerken, de rosse buurt, enzovoort. In theorie is bezit van hard drugs strafbaar, in praktijk worden gebruikers niet gearresteerd: alleen de (grote) handelaren komen in aanmerking voor gerechtelijke vervolging.

Een paar jaar terug werd een 'nieuwe benadering' uitgeprobeerd; dealers en junkies kregen hun eigen stukje van de stad – de Amsterdamse Zeedijk – en mochten daar doen wat hun goeddunkte. Het idee was om open en aardig te zijn tegen junks en handelaren en hun werkterrein te beperken tot een afgemeten gebied. Het resultaat? In de woorden van burgemeester Ed van Thijn: 'We dachten dat we tolerant konden zijn en toch de hard drugs onder controle houden. Dat was erg naïef.'

Een van de positieve aspecten van de Nederlandse kijk op de verslaving aan hard drugs is dat de autoriteiten zich op het standpunt stellen dat 'deze mensen ziek zijn en geholpen, niet vervolgd, moeten worden'. Ter ondersteuning van deze stelling rijden er in de grote steden busjes rond van waaruit de klanten methadon verstrekt krijgen, een stof die ze moet helpen om van hun heroïneverslaving af te komen. De bussen blijven telkens zo'n anderhalf uur op een vaste plaats staan, zodat de gebruikers hun gratis dosis methadon kunnen halen.

MISDAAD EN STRAF

Vonnissen wegens drugsmokkel (en andere misdaden)

worden soms nooit ten uitvoer gelegd. De gevangenissen zitten tot de nok toe vol. Daarom zijn, mede vanwege de Hollandse vergevingsgezindheid, de vonnissen vaak uitzonderlijk mild. Straffen worden uitgezeten indien er plaats beschikbaar is. Zo kan het voorkomen dat een zojuist veroordeelde crimineel (of beter, 'een slachtoffer van de maatschappij') op vrije voeten blijft tot er een cel leegkomt. Als een misdadiger de gevangenis in draait, wacht hem of haar een relatief comfortabel verblijf. De bedoeling is om de gevangenen een zo normaal mogelijk leven te laten leiden. In Schutterswei, een gevangenis in Alkmaar, verdienen de gedetineerden zo'n vijfenvijftig gulden per week. Velen gebruiken dat geld om hun lichte en luchtige kerkers te voorzien van televisie, hifi, huisdieren en vanzelfsprekend ook een koffiezetapparaat. Er is een speciale ruimte beschikbaar voor het bezoek – de seks-cel: compleet met bed, schilderijen en vaste vloerbedekking. Andere privileges, of in dit geval *rechten*, behelzen het mogen dragen van de eigen kleding, zelf in de keuken het eigen eten mogen klaarmaken, stemrecht, vrijuit mogen spreken met journalisten en een procedure voor het behandelen van klachten.

Deels uit vrije keus, deels uit noodzaak, hebben de Hollanders alternatieve straffen en scholingsprojecten bedacht ter beschaving van de 'slachtoffers van de maatschappij'. Zulke vormen van straf kunnen bij voorbeeld neerkomen op een tweeëntwintigdaagse trektocht in de bergen van Zuid-Frankrijk, met gratis gebruik van het landschap en de lokale keuken.

Inbraak in auto's is dan ook aan de orde van de dag, net als zakkenrollen en dergelijke. Als uw cassetterecorder van vijfhonderd gulden uit uw auto gesloopt wordt, maakt dat nergens indruk. Ook niet op de politie. Verveeld zal die u uitleggen dat uw voormalig eigendom diezelfde avond in een café voor zestig gulden kan worden teruggekocht: u mag blij zijn met zo'n koopje!

ROCK 'N ROLL, ENZOVOORT, ENZOVOORT
Het mag gezegd: als volk zijn de Hollanders zeer gesteld

op muziek, hedendaags of anderszins. Steden en stadjes hebben muzikale voorzieningen voor iedere smaak en sub-cultuur. Zelfs in het kleinste gehucht is minstens één podium voor levende muziek. Muziekliefhebbers? Ja. Muzikale vernieuwers? Nee. Cloggies zijn vooral verzot op imiteren. Klassiek, folklore, moderne jazz, free-jazz: erkende muzikanten en componisten worden getrouw gekopieerd tot op de zestiende noot nauwkeurig. Alleen al in Amsterdam levert een zaterdags ommetje door de winkelstraten ontmoetingen op met een overvloed aan straat- en kroeg-muzikanten. Zoals:

– Een Hollandse doedelzakker, voorzien van kilt, tuniek, beremuts en overige Schotse standaardaccessoires.

– Een Hollandse Ierse folkgroep, uitgerust met violen, mandolines, klikklakkende lepels, authentieke trommen en pinten Guinness.

– Een Hollands Mozart-strijkkwartet, in avondkleding dan wel spijkerpak, met op hun muziekstandaards vergeelde, ooit met de hand overgeschreven partijen.

– Tientallen klonen in het genre protesterende bard (Dylan, Donovan), uitgerust met een akoestische gitaar en een verweerde, bestickerde gitaarkoffer waarin passanten hun contributie deponeren.

Maar Holland is óók een land voor al wie zich jong voelt & wat wil. Het geestelijk voedsel voor die categorie heet popmuziek. Pop-podia zijn er in Amsterdam in overvloed: geheel openlijk wordt daar de jeugd van veertien jaar en ouder volgestopt met decibellen, alcohol en drugs. De meer beruchte tenten, misleidend 'multimediaal centrum' of 'jongerensociëteit' genoemd, zijn Paradiso en De Melkweg in Amsterdam, rond het al even louche Leidseplein. In Den Haag en Rotterdam vindt u soortgelijke gelegenheden. Minder overvloedig aanwezig, maar zeker niet schaars, zijn de rock-cafés: met stampende heavy metal en fans die met drinken, snuiven en pillenslikken de kortste route naar het Nirwana nemen, iedere avond van acht tot twee. Gedronken wordt het lokale Amstel- of Heineken-bier, het rokertje is meestal een Camel voor de mannen en de bevrijde vrouwen, een Pall Mall voor de vrouwen en de bevrijde mannen, of een joint. Dit alles wordt geconsumeerd in een luid stortbad van rauwe rock, voortgebracht door geavanceerde Japanse elektronica.

Hoofdstuk 19
De Vliegende Hollander

Ik mis Holland alleen wanneer ik er ben.
Paul Verhoeven, filmregisseur te Hollywood, 1992

Hollanders emigreren. Ze moeten wel, want als ze dat niet doen, passen ze niet meer in hun landje. Wanneer ze emigreren, nemen ze hun cloggie-eigenschappen mee. Die laten ze, al naar gelang de eisen die de nieuwe cultuur hun stelt, stukje bij beetje varen, maar niet zonder een snufje protest. Daar zijn het cloggies voor. Sommige eigenschappen zijn onuitroeibaar, andere worden maar al te graag overboord gezet, weer andere slechts morrend.

In hun nieuwe omgeving maken de Hollanders een osmose-achtig proces door waarbij ze zich zo soepel en vlot aan de nieuwe cultuur aanpassen, dat je soms de indruk krijgt dat ze hun *roots* geheel vergeten zijn. Maar hun cultureel erfgoed raken ze bijna nooit echt kwijt, en ze grijpen erop terug als het ze beter uitkomt of hun ego streelt.

DE WERELD VOLGENS JAAP
Waarom emigreert de cloggie? De redenen blijven voor de oningewijde bijzonder vaag. Hollandse emigranten debiteren desgevraagd diepzinnigheden als 'om bepaalde redenen', 'uit vrije wil' of 'omdat ik bepaalde dingen gewoon erg belangrijk vind'. De echte reden krijgt u zelden te horen. Maar al snel wordt duidelijk dat ze de hemel de rug toekeren omdat ze méér willen: meer geld, meer leefruimte, meer vrijheid (geen lastige familieleden) en meer kansen. Als het om emigreren uit economische overwegingen gaat, verschillen de Hollanders in niets van de rest. Maar als het om mensenmassa's en nieuwsgierige, bemoeizuchtige familieleden gaat, is er voor de Nederlanders meer aanleiding om te vertrekken dan voor de rest. Door te

146

emigreren kunnen ze een aantal eigenschappen afleggen die ze, als overtuigde Hollanders, in eigen land dienden te handhaven.

Ze zoeken hun toevlucht in oorden als Australië, Canada, Nieuw-Zeeland, Zuid-Afrika, de vs, en hun voormalige koloniën. De klompen, molens, dijken en dergelijke worden ingepakt en gaan met ze mee. Deze symbolen moeten, als het zo uitkomt, te gelegener tijd hun werk doen. Als hij eenmaal met succes is geëmigreerd, zal de post-Hollandse Hollander verkondigen: 'Ja, ik kom wel uit Holland, maar ik ben anders dan de rest, anders had ik hier niet gezeten!'

Wanneer je een tijdje doorvraagt, blijkt dat veel Hollanders hun vaderland als een bedorven Utopia zien. 'Wat is Nederland veranderd sinds ik hier voor 't laatst was!' Alsof door hun vertrek Someren tot Sodom en Groningen tot Gomorra is verworden.

Ze vinden het heerlijk om Hollands te *zijn* en er tegelijkertijd op af te geven. Ze gruwen van het beeld van de drie W's (Wie, Wat, Waar), tulpen, meisjes met blonde vlechten in traditionele dracht en dergelijke, en roepen hun onwetende gastheer tot de orde die deze oppervlakkige symbolen met Holland durft te associëren. Maar als diezelfde mensen wat van hun culturele erfgoed of geschiedenis willen laten zien, dan komen de klompen, molens, tulpen en namaakklederdrachten weer uit de kast.

De breuk is nooit totaal. Vrienden en familieleden komen in drommen naar het nieuwe nest. De achterblijvers kunnen geen weerstand bieden aan het vooruitzicht van een goedkope vakantie zonder allemaal moeilijk gedoe. Het aanhalen van de banden kan heel leuk zijn als het om (klein)kinderen gaat, maar het zit er dik in dat het een crime wordt voor de emigrant die zich net zo lekker vrij voelt en nu weer wordt geconfronteerd met WIE en WAT hij was en WAAR hij vandaan kwam:

'De Hollanders die ik ken, zijn bezoekers uit Nederland die hier onuitgenodigd zo'n drie maanden blijven hangen. Ze verwachten min of meer dat er al die tijd voor ze wordt gezorgd, dat ze worden rondgereden en ze verwachten dat je ze het land laat zien, of je nu moet werken of niet. Ze komen niet op het idee om mee te betalen aan de boodschappen, maar ze komen je wel vertellen dat het bier op is of dat er meer chips moeten komen.

Pas de afgelopen vier jaar ben ik dit gaan beschouwen als een grove vorm van misbruik maken van anderen.' (M. Mol, British Columbia).

De mate waarin immigranten hun specifieke waardeoordelen handhaven of laten voor wat ze zijn, verschilt van land tot land. In sommige gevallen zorgt de plaatselijke politieke en/of economische situatie ervoor dat een aantal van hun meest dierbare gedragspatronen met wortel en tak wordt uitgeroeid. Eén factor in die vergelijking is de grootte van het land in kwestie. Wat dat betreft schijnt de algemene regel te zijn: het behoud van de nationale aard is omgekeerd evenredig aan de grootte van het adoptieland.

Een gemeenschappelijke factor is dat ze er geen been in zien om waar en wanneer dat ter plaatse de gewoonte is lokale werkkrachten als huispersoneel aan te trekken. Ver van hun vaderland voelen ze geen schuld of wroeging over 'uitbuiting' van hun medemens op een wijze die 'thuis' tot grote verontrusting zou hebben geleid. Hun gedrag lijkt te worden gerechtvaardigd door:

– de eeuwenoude stelregel: 's lands wijs, 's lands eer.
– 'We helpen de economie want we helpen mensen aan werk.'
– 'We behandelen ze toch goed?'

De laatste tijd bestaat in een aantal landen de neiging om het aantal bedienden (soms zelfs tot nul) te reduceren, maar alleen 'omdat ze duurder worden. Je moet veel te veel betalen voor het weinige dat ze doen.'

HET JUISTE HOUT

Wie in het buitenland woont, koestert de herinneringen aan 'thuis'. Vandaar het succes van Engelse fish-'n-chips-zaken, Amerikaanse hamburgertenten en oosterse restaurants.

Begrijpelijkerwijs doet de Hollandse keuken daar niet aan mee (zie hoofdstuk 17), maar gelukkig voert de navelstreng iets anders aan: bier. Het spul wordt meestal gepresenteerd als Heineken Export, gebrouwen in Holland, of de Amstel- of Grolsch-variant, en Hollanders vliegen erop af als ijzervijlsel op een magneet en roepen orgiastisch uit:

'Ahhh! [merknaam], niet te vergelijken met [plaatselijk merk]!'

Gevolgd door de bekentenis:

'Maar dit is heel anders dan wat je in Holland krijgt.'

Als ze beseffen wat ze zojuist hebben toegegeven, wordt er een kwalificatie aan toegevoegd:

'Ik vind dit nog lekkerder. Zoiets kan alleen een Hollandse brouwer!'

Deze houding wordt in sterke mate ingegeven door de brouwerijen zelf. Om het met Alfred Lord Heineken te zeggen: 'In het buitenland zijn we een Rolls Royce, in Holland alleen maar een gewoon biertje.'

O, wat zijn ze toch bescheiden!

Nergens komt het idee van cloggie-kameraadschap duidelijker tot uiting dan in de schijnbare oneindige verzameling Hollandse clubs, *friendship societies*, kranten, nieuwsbrieven, smikkelwinkels, tulpenfestivals, Hollandse dagen en de onvermijdelijke Koninginnedagfestiviteiten in het buitenland. Vooral laatstgenoemde evenementen zijn voor rasechte Hollandse immigranten een excuus om de Neder-parafernalia af te stoffen, evenals de ermee verband houdende troep die ze hebben geïmporteerd onder het mom van 'huishoudelijke artikelen' en die ze vrolijk en uitgelaten uitstallen als 'deel van hun culturele erfgoed en traditie'.

De Nederlandse verbroedering is eigenlijk alleen maar gericht op mensen met 'van' of 'de' voor hun naam. Het is trouwens boeiend om te zien hoe deze identificatievoorvoegsels na verloop van tijd in de naam worden geïncorporeerd. *Van de* en *Van der* worden ofwel samengevoegd tot één voorvoegsel (Vander Meulen) of geabsorbeerd (Vandergronden, Vandenberg). De 'ij' wordt een 'y' (Wijnbelt wordt Wynbelt). Voornamen worden soms veranderd om de uitspraak te vergemakkelijken (Geert en Gert vallen samen in Kert). Hoe men de eigen identiteit

bewaart en zich tegelijkertijd integreert, wordt glashelder samengevat in een verzoek uit een nieuwsbrief dat werd overgenomen door de *New Zealand – Netherlands Society Oranje, Auckland, Inc.* waarin lezers werd gevraagd om ideeën voor een verenigingsvignet in te sturen. De volgende suggesties werden alvast gedaan:
– Een kleerhanger (bijnaam voor de Auckland Harbour Bridge) waar een paar klompjes aan hangen?
– Rangitoto Island in silhouet met een molen erop?

In het buitenland wordt de liefde voor bloemen niet opgegeven. Laaglandverlaters, waar ook ter wereld, blijven hun favoriete bollen en bosjes met grote ijver vertroetelen. Na hun vertrek uit Holland raken ze door het dolle heen als ze zien in wat voor relatief enorme tuin (en meestal een navenante hoeveelheid zonneschijn) ze terecht zijn gekomen. Daar kunnen ze bloemen in overvloed kweken, of liever nog, gewoon laten binnenwaaien (dat scheelt in de rekening van de bloemisterij). Op hun eigen efficiënte wijze nemen velen hun kweekkunde mee, zodat er overal in den vreemde lucratieve kassen en kwekerijen ontspringen. Degenen die de mazzel hebben ook nog eigen winkels te runnen, geven de voorbijgangers een subtiele hint over de herkomst van hun super-snijbloemen.

Hollanders zijn altijd al goede boeren geweest: ze halen niet alleen hoge opbrengsten per bedrijf, door hun soepele instelling en lust tot emigreren weten ze ook elders een goed belegde boterham te verdienen. Ze staan er bij voorbeeld om bekend dat ze grote stukken vruchtbaar land kopen die ze veranderen in winstgevende agrarische gebieden en later voor een 'klein' fortuin weer van de hand doen.

Andere primaire levensvoorwaarden voor Hollandse emigranten zijn koffie, gezelligheid en schrieperigheid (die zo ver kan gaan dat ze bij anderen voortdurend begerige blikken op de koektrommel werpen). Eerst wordt de koffie ter plaatse aan een onderzoek onderworpen. Is deze ondrinkbaar slap (in tegenstelling tot gewoon slap), dan komt koffie boven aan de lijst van 'navelstrenggoederen' te staan, boven dropjes, erwtensoep en jenever.

In de loop der tijden hebben ze overal hun architectuur wortel laten schieten. Waar ze zich ook maar als welvarende heersers hebben gevestigd, vinden we hun beroemde trapgeveltjes, bruggen en molens. Grote en luxueuze landhuizen (op de plantages) worden traditiegetrouw overal ter wereld gerenoveerd. In recentere tijden zijn er grote toeristische trekpleisters in de vorm van merkwaardige winkelstraten met sprookjesboekengevels, molenrestaurants en souvenirwinkels gebouwd of gerestaureerd.

Dat de eerste Hollandse landverhuizers de onderlinge eenheid wisten te bewaren en vastbesloten bleven om er een succes van te maken, is misschien wel te danken aan hun godsdienstige overtuiging. Maar na verloop van tijd zijn de meeste streng-religieuze gemeenschappen (met uitzondering van de calvinistische Nederduits Hervormden) verdwenen.

Klagen en kritiseren blijven geliefde bezigheden, zij het in verdunde vorm (de hang naar protestdemonstraties is verdwenen). Hollanders nemen vooral hun nieuwe land op de korrel en vergelijken het voortdurend met hun prachtige Nederland. Als ze vinden dat iets er beter is dan in Holland, geven ze dat niet toe: ze bewaren het voor hun volgende bezoek aan het vaderland. Dat moet ook wel, want ze hebben zich niet op de hoogte kunnen houden van wat daar allemaal te klagen valt. De enige manier om in de gesprekken met het thuisfront niet stil te vallen, is de onzin die daar wordt uitgekraamd te neutraliseren door snoeverig te vertellen hoe verstandig het is geweest om te emigreren, erop te wijzen hoe goedkoop alles in het nieuwe vaderland is (dit om vervreemding met het thuisfront te voorkomen), hoe weinig bemoeiziek de overheid er is en hoeveel ruimte er is.

Toch blijkt 'het juiste hout' na verloop van tijd ook wel wat gammele delen te bevatten. Dat zien we in de eerste plaats bij de fiets die op tragische wijze het slachtoffer wordt van de frustrerende ervaringen van de cloggie. Hij zet zijn nationale vervoermiddel, zij het met bloedend hart, aan de kant. De fiets, die als beschermde soort de gevaarvolle overtocht naar vreemde landen heeft overleefd, blijkt niet te kunnen gedijen in culturen die de noodzaak van fietspaden, de rechten van de fietser en de aanwezigheid van fietsziekenhuizen of -onderkomens niet onderkennen. Het wrange is dat de nekslag wordt toegebracht door de immigrant zelve die het geval in de schuur zet om dezelfde redenen als waarvoor hij het vaderland de rug heeft toegekeerd:

– Afstanden – na te zijn ontsnapt aan de overvolle Hollandse steden, wordt hij nu geconfronteerd met voorheen ongehoorde afstanden die de gedachte om de fiets te nemen onmiddellijk de nek omdraaien.

– Klimaat – de favoriete emigratielanden worden gekenmerkt door hete zomers en/of barre winters. Het fietsvermogen van de cloggie raakt onder deze onaangename omstandigheden al snel uitgeput.

– Terrein – het feit dat het landschap er een verticale component in de vorm van heuvels en dalen heeft bij gekregen, betekent de kennismaking met steile, slecht begaanbare wegen en over het algemeen fietsonvriendelijke omstandigheden.

Een tweede slachtoffer is de taal, tenzij beide ouders hun best doen om thuis Nederlands te spreken. Dat is zelden het geval.

CLOGGIES IN DE TROPEN

De Hollanders hebben ongeveer drie eeuwen lang een koloniaal bewind gevoerd over delen van Oost- en West-Indië. Hun gedrag vertoonde door de bank genomen dat van elke koloniale mogendheid: een grootscheepse plundering van land en volk. Deze houding werd echter gekleurd door hun calvinistische achtergrond:

– enerzijds wilden ze niet dat extreme armoede, barre levensomstandigheden of wrede rituelen bleven bestaan;

– anderzijds bewaarden ze duidelijk afstand tot de volstrekt andere mentaliteit van de gekoloniseerde bevolking.

Indonesië

In 'Nederlands Oost-Indië' heeft de tweeslachtige houding van de Hollanders tegenover de oude Indonesische heersers, die onder strenge Nederlandse regels in het zadel mochten blijven zitten, voor grote moeilijkheden gezorgd. Indonesië was een bron van grote welvaart, die Holland in de vooroorlogse crisisjaren enorm heeft geholpen. De Tweede Wereldoorlog en de Japanse bezetting hebben bijgedragen aan de culturele chaos die na de oorlog in die streken heeft geheerst. Het kostte Holland de grootste moeite om de wind er weer onder te krijgen. Eind jaren veertig wist Indonesië zich voortijdig onafhankelijk te maken, waardoor niet alleen de Hollanders gedwongen werden het land te verlaten, maar ook de circa 500.000 halfbloeden wier enige zonde was dat hun ouders elkaar hadden begeerd.

Tegenwoordig zijn de betrekkingen tussen Nederland en Indonesië omgekeerd: de Hollanders die er verblijven, zijn er maar voor korte tijd en ze houden zich bezig met (agrarische) hulpprogramma's en dergelijke, en ze zijn van een generatie die zich tot op zekere hoogte schuldig voelt over de activiteiten van hun voorouders.

Ze zijn er in hun element voor wat betreft de dagelijkse gemakken: koffie en thee zijn er lekker, goedkoop en in overvloed verkrijgbaar. Veel van de oude huizen zijn in Nederlands-tropische stijl gebouwd, en dat het Indonesische eten bij hen goed in de smaak valt (en ook nog veel goedkoper is dan thuis) was te verwachten. Typisch Hollands is dat ze binnen de kortste keren de taal beheersen, zelfs als het mensen met weinig opleiding betreft wier kennis op dat gebied beperkt was tot essentiële termen als *bami-goreng*, *loempia* en *saté*.

Veel van de Nederlanders worden er door anderen beschouwd als 'van die typische halvegaren/ouwe hippies, geen mensen met een schat aan beschaving'. Wat het ook zijn, ze storten zich in het gemeenschapsgebeuren en gaan er schijnbaar helemaal in op. Die onderdompeling in het Indonesische leven geldt voor degenen die hebben verkozen er permanent te blijven, en gaat soms zover dat ze hun Hollander-zijn bijna afzweren. Hun kroost gaat echter meestal gebukt onder de druk die dwingende eigenschappen te ontwikkelen die ze weer tot ware cloggies maken.

De grootste dreiging voor hun utopie is de weigering van Den Haag om zich niet meer te mengen in de aangelegenheden van zijn voormalige kolonie. In 1992 stak de Nederlandse regering haar kritiek op de wreedheden bedreven door het Indonesische leger niet onder stoelen of banken. Dit tot woede van president Soeharto, die aankondigde dat zijn land wel af wilde van de jaarlijkse steun ten bedrage van 350 miljoen gulden.

De Nederlandse Antillen en Aruba

Het Koninkrijk der Nederlanden bestaat uit drie delen: Nederland, Aruba, en de 4 1/2 eilanden van de Nederlandse Antillen (Curaçao, Bonaire, Saba, St. Eustatius en de helft van St. Maarten).*

De Hollanders eigenden zich de Antillen in de 17de eeuw toe. Hier vonden ze hun tropisch paradijs:

– gebrek aan ruimte (de eilanden variëren in grootte van 13 tot 45 vierkante kilometer);

– een overvloed aan water;

– de afwezigheid van bergen (slechts één echte heuvel, en één vulkanische rots).

Dit was het hélemaal!

In waarlijk Europese stijl zijn ze een eeuw lang bezig geweest de zaak te verpesten. Het begon met 'Hans-en-Grietje-huizen', slavenhutjes, ophaalbruggen, grachten, havens en prostitutie. Later werd de behoefte aan LEGO-wegen (en gele DAF-achtige bussen om de klinkers eruit te rijden), (zachte) bermen, rotondes met stoplichten, Sinterklaas & Zwarte Piet, Koninginnedag, de lotto en topless zonnen bevredigd. De officiële taal is het Nederlands, de plaatselijke pasmunt de (Antilliaanse) gulden, en het eten in hotels en restaurants is er eentonig en saai. Het resultaat is een tropisch net-als-thuis, dat kan fungeren als een belastingparadijs voor de rijken en een exotisch, Caribisch

---

* (Noot van de vertaler: de schrijvers hebben er een vreemde atlas bij gehaald: Aruba behoort niet meer bij de Benedenwindse eilanden ('de ABC-eilanden!') en de twee resterende (B en C) worden met de Bovenwindse op één hoop geveegd.)

maar Hollandserig ontsnappingsoord voor de rest. Dit alles kon natuurlijk slechts worden bereikt door de oorspronkelijke bevolking te herprogrammeren.

De Antillen zijn voor hun overleven en welvaart geheel afhankelijk van hun Hollandsigheid. Daarvan is het Hollandse rijbewijstoerisme (zie hoofdstuk 13) slechts één voorbeeld. In wezen beperkt het moederland zijn inbreng tot het verstrekken van geld.

De toeristenindustrie moet het hebben van de *cloggie connection*. De hoogste prioriteit wordt dus gegeven aan het renoveren, versieren en bouwen van traditionele, curieuze bouwsels. Je kunt er alle elementaire souvenirs – Delfts blauw, klompen en obscene T-shirts – kopen naast diverse lokale artikelen. Op de Antillen gevestigde Nederlandse kooplieden geven onmiddellijk toe dat ze Amerikaanse toeristen verkiezen boven de hun bekende, eigen soort, omdat 'een toerist geneigd is altijd hetzelfde aan souvenirs uit te geven, of hij ergens een week of een maand blijft'. Hollanders, met hun ruime vakantietoeslag, blijven minstens drie weken op de eilanden en zijn niet geneigd om uit hun vaderland afkomstige souvenirs te kopen, terwijl Amerikanen juist niet van ophouden weten.

Nederlanders die op de eilanden wonen, hebben vaak het idee dat ze weer in hun oude dorp zijn terechtgekomen. Dat heeft zijn zalige kanten zoals de knusheid en het houvast van de dagelijkse routine, de stamkroeg, de bekende gezichten, de koffieuurtjes, het bezoek aan de plaatselijke bakker enz. Maar in een dorp heb je ook te maken met bazige buren, valse vriendelijkheid, afgrijselijke afgunst en gruwelijk geroddel. Voeg daar territoriumdrift bij en je krijgt het gebruikelijke gepoch van 'mijn zwembad', 'mijn werkster', 'mijn bruiningsgraad', en het gekanker van 'te warm', 'te veel insekten' en 'te primitief'. De onvermijdelijke kliek van lieden die alles mist wat Hollands is, laat zich niet lijmen door het feit dat in de plaatselijke supermarkt bijna alle traditioneel-Hollandse lekkernijen voorhanden zijn.

Het feit dat de inlanders geen 'nee' kunnen zeggen levert voor de Hollanders van 'een man, een man, een woord, een woord' een bijna onoverkomelijk probleem op. Antillianen en Arubanen vinden het beleefd en gepast om 'ja' te zeggen (en maken dus onmogelijke afspraken) en onbeleefd om 'nee' te zeggen. Dit, gecombineerd met de regionale *mañana*-mentaliteit die zich uit in het uren, dagen of weken te laat nakomen van een afspraak, is genoeg om iedere zichzelf respecterende Nederlander spoorslags naar huis te laten terugkeren om in de beschaafde wereld van de hoofdstukken 2 t/m 18 te laten zien hoe bruin hij is.

Suriname

Nadat het gebied ooit door een lid van Columbus' bemanning was gesignaleerd, kwam het in 1667 als Suriname onder Nederlandse overheersing. Het werd een Nederlandse kolonie in hetzelfde jaar waarin de Engelsen hun aanspraken erop lieten vallen in ruil voor het Nederlandse deel van de staat New York, toen nog Nieuw Amsterdam geheten (zie 'Nederlanders in de Nieuwe Wereld' elders in dit hoofdstuk).

Suriname was en is de Hollandse pendant van het *Deep South* van de Noordamerikanen: een gebied waar blanke ondernemers voor het verbouwen van speciale gewassen gebruik maakten van Afrikaanse slavenarbeiders. (Een van de belangrijkste gewassen was koffie.) Hier was niets fout mee zolang de slaven maar niet aan Spaanse of Portugese klanten werden verkocht. (Een dergelijke handelwijze zou de koopwaar hebben blootgesteld aan 'misbruik door en de gevaren van de paapsen'.)

Jarenlang verbouwden de Nederlanders in Suriname koffie, in het geniep. Ze namen uitgebreide voorzorgen om te voorkomen dat Brazilië (waarvan een deel Nieuw-Holland heette, totdat de Hollanders eruit werden geknikkerd) ook maar één koffieboon in handen zou krijgen. Dit streven werd onderuit gehaald door een geheime missie van de Brazilianen die kans zag 'de boon' naar eigen grondgebied mee te smokkelen. Daarmee werd het Nederlandse monopolie doorbroken en groeide Brazilië uit tot hét koffierijk. De Surinaamse economie stortte verder ineen toen de slavernij werd afgeschaft.

Suriname bleef een Nederlandse kolonie tot het in 1954 een autonome status binnen het Koninkrijk der Nederlanden kreeg. In 1975 veranderde het in de onafhankelijke republiek Suriname. Dat was het sein voor een grootscheepse uittocht naar Nederland zodat er een tekort aan geschoolde arbeiders ontstond. Dit wordt als reden aangevoerd waarom het land zo vaak bij Nederland heeft moeten aankloppen om financiële steun.

Wreedheden door het absolutistische militaire regime, aan het begin van de jaren tachtig, brachten de Nederlandse regering ertoe de hulp aan Suriname stop te zetten, waarna het land (opnieuw) naar de knoppen ging. De politieke situatie is sindsdien enigszins verbeterd, maar de Nederlandse regering voelt er nog steeds weinig voor om financiële hulp te geven aan een derde-wereldland waarvan de inwoners zich feitelijk gedragen zoals ze dat is geleerd. Het ligt dan ook voor de hand dat de Surinamers het over hun voormalige overheersers hebben als *patata* (aardappels).

In Suriname wonen momenteel zo'n 350.000 Surinamers, terwijl het aantal Surinamers in Holland circa 200.000 bedraagt. Suriname kent nauwelijks toerisme. Het zal niemand dus verbazen dat het land geen grote trekpleister is voor de huidige cloggies, behalve als ze er familie of zakelijke belangen hebben. Of als ze tot het avontuurlijke type behoren. De moderne Nederlander beschouwt de toestand in de grond van de zaak als rampzalig.

OM DE TAFELBERG

In tegenstelling tot wat vaak wordt aangenomen, is Zuid-Afrika nooit een Nederlandse kolonie geweest. Hollanders drongen in 1652 het gebied binnen om er een bevoorradingsstation van te maken waar de scheepsbemanningen bovendien konden bijkomen. Omdat ze niets met de Engelse kolonisten te maken wilden hebben, trokken de Hollanders naar het nog niet gekoloniseerde noordoosten waar ze de onafhankelijke republieken Transvaal en Oranjevrijstaat stichtten. Ze beschouwden zichzelf als Afrikaners. De banden met het land van oorsprong werden definitief doorgesneden toen Nederland weigerde hen te hulp te komen tijdens de Boerenoorlog.

Het Afrikaans heeft zich ontwikkeld uit 17de-eeuws Nederlands. De eerste Hollandse *settlers* waren dialectsprekenden die vaak ook fonetisch schreven. Veel cloggies beschouwen het Afrikaans als een soort steenkolen-Nederlands of een dialect. In 1925 verdreef Afrikaans het Nederlands als een van de twee officiële talen – de andere is Engels – en het is voor veel Zuidafrikaners nog altijd hun moedertaal.

De tijden en de politiek veranderden en dat leidde ertoe dat men in Zuid-Afrika nu twee duidelijk verschillende categorieën mensen van Nederlandse oorsprong onderscheidt:

– Afrikaners: geboren in het land zelf; ondanks hun Hollandse afkomst zien ze zichzelf heel duidelijk als 'blanke' Afrikanen die niet het gevoel hebben dat ze Nederlands zijn.

– Hollanders: immigranten; zullen nooit tot de Afrikaners behoren. Ze worden 'kaaskop' of 'Japie' genoemd.

In Holland heeft de belangstelling voor Zuid-Afrika vele pieken en dalen gekend. Toen er circa 1870 goud en diamanten werden gevonden, ontstond er een voor de hand liggende piek, en de introductie en toepassing van de apartheid (1948-1992) zorgde beslist voor een dal. Jammer genoeg ettert de voorkeur voor apartheid nog bij veel Afrikaners en Hollanders door: zij beschuldigen Nederland ervan een groot aandeel in het verdwijnen ervan te hebben gehad.

De Hollanders vrezen dat hun manier van leven binnenkort voor eeuwig zal veranderen. Dat willen ze verhoeden vanwege de positieve kanten van hun levenswijze en ze hopen op een betere toekomst voor allen. Zij herkennen zich absoluut niet in het beeld van de Boeren zoals dat door Tom Sharpe worden geschilderd in *Riotous Assembly* en *Indecent Exposure*. Zijn Luitenant Verkramp, Konstabel Els en hun trawanten zijn brute, racistische wetshandhavers die de 'zwartjes' geven wat ze verdienen.

Over het algemeen is men hier van mening dat in Holland overdreven is gereageerd op de situatie omdat men te weinig weet van de omstandigheden hier, en dat de emotionele benadering voor een heel groot deel is ingegeven door binnenlandse (= Nederlandse) politieke overwegingen. Op de tv en in andere media worden de zaken sterk overdreven.

H.H.H. *(Port Elizabeth)*

Hollanders kunnen redelijk goed met de zwarten overweg, maar de zwarten hebben een heel andere mentaliteit. Elders in de wereld realiseert men zich dat niet voldoende. De zwarten kennen van oorsprong een stammenbestaan. Als de rest van de wereld zegt dat er in Zuid-Afrika een democratie moet komen, begrijpen de zwarten niet wat dat inhoudt. Ze zijn gewend aan één leider of baas die ze vertelt wat ze moeten doen. Als zij aan de macht komen, zullen ze zich, net als in andere Afrikaanse landen, zeer despotisch en corrupt gedragen, en zal maar een heel klein deel van de bevolking welvaart kennen, terwijl de rest lijdt en/of van honger omkomt.

Zwarten werken veel langzamer, ze stelen en maken alles kapot. Wat heeft gelijke beloning dan voor zin? Als je ze te veel betaalt, komen ze pas terug als het geld op is!

H.A. *(Pretoria)*

Er heerst hier tussen alle rassen wederzijds respect. De zwarten zijn hier veel beter af dan in de rest van Afrika. De Nederlanders kunnen doodvallen. Ze weten gewoon niet wat er in Zuid-Afrika aan de hand is. Ze zitten in hun ivoren torens en vellen uit de verte een oordeel over ons.

N.S. *(een uitgeweken Afrikaner)*

Holland is zedelijk bergafwaarts gegaan.

H.M.J. de J. *(Johannesburg)*

Voor een aantal van hen is weggaan de enige oplossing. Maar ook dan kunnen de redenen sterk uiteenlopen. Eén van hen geeft ronduit toe 'dat we er, gezien de toestand, over denken om uit Zuid-Afrika weg te gaan. We willen niet meer meemaken dat de zwarten het hier voor het zeggen krijgen!'

Iemand anders bereidt zich voor op een gloednieuw bestaan in een Nederland dat rigoureus met het verleden heeft gebroken: 'Ik zou tranen met tuiten huilen als de klomp het symbool van Holland bleek te zijn!'

In het 'thuisland' heersen duidelijk andere gevoelens die vaak een welkome tegenhanger zijn voor de meningen die elders op deze pagina's zijn geventileerd:

'De commentaren zijn een glashelder voorbeeld van de problemen waar de wereld voor staat als ze een bepaald doel wil bereiken. Gelukkig zijn er in Zuid-Afrika velen (en niet alleen 'zwarten') die heel anders en veel evenwichtiger tegen deze problemen aankijken dan blijkt uit de meningen die op deze bladzijden zijn weergegeven.' (Dr. W. Stortenbeek, Apeldoorn)

Wij kunnen deze constatering van Dr. Stortenbeek (en de in Nederland gangbare opvattingen over dit gevoelige onderwerp) slechts onderschrijven en steunen.

OMGEKEERDE HOLLANDERS

Het is moeilijk om je waterkeringen voor te stellen in de verschroeide *outback* van Australië, of bollenvelden die oprukken in het schapenrijke Nieuw-Zeeland, maar de mensen die ervoor kunnen zorgen dat dat werkelijkheid wordt, zitten er al.

Over het algemeen zijn het hardwerkende en zeer gerespecteerde lieden.

Australië

Harde werkers die grote risico's durven nemen: precies het beeld dat Australië bij voorkeur van zichzelf geeft. Hier is de integratie van de Hollanders misschien wel het meest geslaagd.

De invasie van de cloggies bereikte haar hoogtepunt in de jaren vijftig en zestig, toen tienduizenden met steun van de Nederlandse regering en godsdienstige organisaties de oversteek maakten. Australië telt 24 Nederlandstalige radioprogramma's, dito week- en maandbladen, en een groot aantal Hollandse (godsdienstige) gezelligheids- en gemeenschapsverenigingen. Voorbeelden van primeurs in de 'Hollandse' kranten: KOEIEN OP TASMANIË GEVEN MEER MELK DAN HUN NICHTEN IN AUSTRALIË, en

In de ogen van de cloggie-Australiër is de meest geliefde persoon die ooit voet op Australische bodem heeft gezet, de weinig bekende stuurman Abel Janszoon Tasman. Abel, geboortig uit Grootegast, ontdekte de klomp land rechts onder Australië in 1642, kennelijk in opdracht van de toenmalige Gouverneur van Java, Antonie van Diemen. Abel noemde het eiland naar Antonie, die 'bedankt' zei, waarna Australië het omdoopte in Tasmanië (afgekort tot 'Tassie' of 'Tas'). Voor de Hollanders die naar deze streken zijn geëmigreerd is het dat ook gebleven: Tas-manie met de klemtoon op de laatste lettergreep, zoals uit het volgende blijkt.

Toen moest worden herdacht dat Tasman 350 jaar geleden op Tasmanië was geland, staken de Hollandse Aussies de koppen bij elkaar teneinde Abel de erkenning te geven waar hij recht op had. Daarbij vergaten ze dat hij langs heel Australië was gevaren zonder het continent zelfs maar te hebben gezien. Desondanks organiseerden ze het volgende:

– een Abel Tasman-festival in Hobart dat een jaar duurde;

– een Nederlands-Australische Abel Tasman Vereniging;

– de Abel Tasman Herdenkingsmedaille;

– de onthulling van een Abel Tasman-monument ergens aan de kust;

– een zeilwedstrijd om Tasmanië heen;

– de Abel Tasman Blue Water Classic Yacht Race;

– de Abel Tasman-zeilcup;

– historische trips, onder deskundige leiding, naar de plaats waar Tasman was geland;

– uitnodigingen aan Nederlandse hoogwaardigheidsbekleders, onder anderen de burgemeester van Grootegast en de commissaris der Koningin in Groningen.

Tasman gaf het werelddeel Australië zijn eerste Europese naam: Nieuw-Holland (origineel, hè?). En alsof dat alles nog niet genoeg was, leverde de nasleep van Tasmans ontdekking van een nieuw Holland op het zuidelijk halfrond het volgende op:

– tulpenfestivals die duizenden bezoekers trokken;
– oliebollenfestivals die duizenden bezoekers trokken;
– het teisteren van plaatsen met een Hollands klinkende of ogende naam: Zeehan, Geeveston, Schouten en Maatsuyker;
– het vestigen van een wereldrecord voor het aantal namen met Tasman erin (bij voorbeeld Tasmanzee, Tasmanbaai, Zuidtasmaanse Hoogte, Tasmaanse wolf (of tijger), Tasmaanse duivel).

Australië werkt diep door in de Hollandse immigranten. Een van hen verhuisde terug naar Nederland en geeft als mening over haar vaderland:

'Toen ik vanuit Australië naar Nederland terugkeerde, ontdekte ik dat het moeilijk was me aan te passen aan het gebrek aan natuur en ruimte, en ook het gebrek aan grote stukken schoon open water.

In Nederland is alles zo strak geregeld dat het verzet kweekt. De winkels zijn veel te kort open, zwembaden zijn voor "outsiders" zoals etnische minderheden, mannen of alleenstaanden alleen op bepaalde uren open. Voor alles zijn wachtlijsten, in het bijzonder huisvesting. Als je niet bij een urgentiegroep hoort, moet je jaren wachten.

Er heerst racisme en gekleurde mensen worden niet als Nederlanders behandeld. Het is heel lastig om vrienden te maken. Dat brengt namelijk met zich mee dat je verantwoordelijkheden hebt, geregeld contact met elkaar moet houden en van belangstelling voor elkaars reilen en zeilen laat blijken. Dat betekent dat je in je weekend uren onderweg bent van en naar vrienden, omdat je aan je morele verplichtingen moet voldoen.'

Dit lijkt een merkwaardige houding voor een gerepatrieerde cloggie, tot we ons realiseren dat de reden voor het venijn misschien is dat ze niet meer *in aanmerking komt* voor een voorkeursbehandeling. Wie of wat is er Hollandser: Holland, of de ex-Australische?

Een van de grootste zwakheden die de cloggie van huis uit meekrijgt, zullen de *cloggies down under* voor geen goud prijsgeven: de rivaliteit tussen hun twee favoriete Hollandse biermerken Heineken en Amstel. Maar het tweetal heeft de kunst van het samenwonen onder de knie gekregen en leeft vreedzaam en in zonde overal waar maar genoeg klanten zijn en hun ouders het niet kunnen zien.

Nieuw-Zeeland

Nadat Tasman (wie anders?) de eilandengroep, zonder er ooit voet aan wal te zetten, Nieuw-Zeeland had genoemd, doopten de Britse eigenaars het land later om in New-Zealand, waarbij ze de 'Z' handhaafden om de cloggies niet voor het hoofd te stoten. Alvorens ons met de Nederlandse Nieuwzeelanders bezig te houden, moeten we de Abel-aanbidding even afhandelen. In 1992 was het 350 jaar geleden dat Abel zijn blik op de eilanden liet vallen, en dat moest natuurlijk uitmonden in een Abel Tasman-jaar, dat vorm kreeg in:

– een New Zealand Abel Tasman 1992 commissie;
– een Auckland 1992 Abel Tasman-herdenkingsstichting;
– een Abel Tasman herdenkingszegel;
– een jaarlijkse Tulpenkoningin & Abel Tasman-wedstrijd;
– een tulpenveld gewijd aan Abel Tasman;
– een tentoonstelling van landkaarten;
– een Hollands maaltijden- en modefestival;
– boeken, tv-documentaires, sportevenementen e.d.;
– een officiële afsluiting van het Abel Tasman-jaar.

Cloggies hebben als klacht dat Nieuwzeelanders te Engels zijn:

'De Nieuwzeelanders zijn nog Engelser dan de Engelsen. Ze hebben nog altijd geen eigen identiteit. Dat vinden we irritant. Ze zijn te gereserveerd, niet open genoeg. In Holland wist je wat je aan je buren had, in Nieuw-Zeeland niet. De mensen hier zijn te beleefd om te zeggen wat ze denken.'

De Hollanders in Nieuw-Zeeland hebben meer dan elders spijt van het feit dat ze hun passionele geprotesteer voor pret en pegels hebben opgegeven:

'Ik beschuldig (mijn mede-)Hollanders hier ervan dat ze te rustig en te beleefd zijn. We hadden meer herrie moeten schoppen, want andere groeperingen hebben dat ook gedaan en dat heeft ze geen windeieren gelegd.'

Hoewel NZ-NL'ers er prat op gaan dat ze zich heel goed weten te integreren, vormen ze misschien wel het meest overtuigende voorbeeld van de hardnekkigheid waarmee Het Hollandse Denken buiten Nederland in stand blijft. Het zijn er maar 70.000 (3% van de gehele bevolking), maar NZ-NL'ers voelen er niets voor om hun standpunt of houding om wat voor reden dan ook prijs te geven:

– In 1967 kregen twee groepen binnen de Hollandse gemeenschap het met elkaar aan de stok over de naam van een tijdschrift. De paar woorden die verwijzen naar het cloggiedom zijn blijkbaar zo belangrijk, dat het hete hangijzer in 1973 werd voorgelegd aan de Privy Council in Londen (de allerillusterste geheime adviesraad in Hare Majesteits Gemenebest van Groot-Brittannië en Noord-Ierland). Ondanks het bestaan van een eindvonnis in deze kwestie, zijn de betrokken partijen nog altijd met elkaar gebrouilleerd. En waar gaat het om: *Windmill Post*.

– Een stel jonge Nederlandse immigranten in Auckland heeft een radioprogramma op de lokale zender, en ze weigeren te erkennen dat de naam van hun avondprogramma is afgeleid van de titel van dit boek. Men beweert: 'Ons programma heet " RADIO Undutchables" en niet " THE Undutchables". We hebben dus niet de hele titel gebruikt. Bovendien verdienen we er niets aan, dus is er geen sprake van geldelijk gewin.' Waarom hebben ze niet het fatsoen om aan het begin van de uitzending even te melden waar de titel vandaan komt? Dat hoeft maar 10 seconden te duren. Tot zover het belang van originaliteit als het gaat om cloggie-titels waar een buitenstaander bij betrokken is.

– De winnende partij in de Windmill Post-zaak heeft een nieuwe campagne op poten gezet, waarbij de Nieuwzeelandse regering het doelwit is. Die wordt er bij voorbeeld van beschuldigd onwettig belasting te heffen op door Nederland betaalde AOW.

Het zou ons niet verbazen als deze kwestie uiteindelijk bij het Internationaal Gerechtshof in Den Haag zal belanden.

Veel geëmigreerde NZ-NL'ers zijn teleurgesteld door wat zij ervaren als discriminatie bij sollicitaties:
'In Nieuw-Zeeland worden mensen aangenomen op hun nationaliteit, niet op hun kwaliteit. De beste baantjes zijn voor mensen die Engels als moedertaal hebben: Engelsen, Amerikanen en Nieuwzeelanders. De rest heeft grote moeite met het vinden van een goede baan. We worden hier als buitenlanders beschouwd.'

NEDERLANDERS IN DE NIEUWE WERELD

Toen de Nieuwe Wereld, aan het begin van de 17de eeuw, nog een jonge kolonie was, werden de Hollanders er met open armen ontvangen. Dit schitterende, onbedorven en ongeciviliseerde gebied snakte naar tulpen en calvinisme. Er was maar één soort mensen dat daarvoor kon zorgen.

De kolonie Nieuw-Nederland, gesticht in 1609, besloeg uiteindelijk het grootste deel van de nu dichtbevolkte noordoostelijke kuststrook van de huidige VS. Er waren veel contacten, vriendelijke zowel als vijandige, met de Indianen. Talrijke nederzettingen werden met de grond gelijk gemaakt, Hollanders richtten vaak bloedbaden aan onder de inboorlingen. Pas veel later (omstreeks 1890) begon de trek naar Canada, en die verliep veel langzamer.

De eerste koloniale heldendaden zijn onder andere Abel Tasmans (sorry) Peter Stuyvesants heldhaftige verlies van Nieuw-Amsterdam in 1664. (Hij wist niet dat Engeland en de Republiek met elkaar in oorlog waren, dus toen er een Engels schip de haven binnenliep, spoedde Peter zich erheen om de opvarenden te begroeten, waarop hij zonder omhaal werd doodgeschoten en de nederzetting de naam New York kreeg.) Gezien het feit dat de Hollanders het hele gebied van de inboorlingen hadden gekregen in ruil voor dekens, ketels en prullaria voor het formidabele bedrag van 60 gulden, was het verlies een financiële ramp, en een schok voor het Hollandse ego. (Hoewel ze het gebied in 1673 heroverden, gaven ze het de Engelsen het jaar erop voor altijd cadeau!) Peter heeft nog geprobeerd zichzelf in de ogen van zijn landgenoten te rehabiliteren door zich op pakjes sigaretten te afficheren als 'de stichter' van New York. Er zijn in het huidige New York nog wel enkele sporen van de Nederlandse oorsprong te vinden, zoals de wijk Brooklyn die vroeger Breuckelen heette, maar het meeste is verziekt door het erfgoed van de arrogante Engelsen.

De meest Hollandse en als zodanig ook nu nog herkenbare bijdrage aan de Nieuwe Wereld vindt men in de staat Michigan. Daar wonen grote concentraties Hollandse Amerikanen (de *MichiDutch*), soms al generaties lang, in het schilderachtige landschap dat ze hebben vergeven met tulpen, (nep)molens en andere Hollandse bouwsels. (De beroemdere *Pennsylvania Dutch* zijn niet van Hollandse maar van Duitse afkomst, een van de voorbeelden van de eeuwenoude gewoonte om *Deutsch* tot *Dutch* te verbasteren.)

Anders dan de Hollanders zijn de MichiDutch de afgelopen honderdvijftig jaar nauwelijks veranderd. Hun voorouders lieten de Lage Landen in de steek om te ontsnappen aan de voor die tijd progressieve weg die de Nederduits Hervormde Kerk dreigde in te slaan. Het zijn trouwe kerkgangers en steile kooplieden die geloven dat zij de enige *echte* Hollanders zijn. Zoals de Californische wijngaarden beweren dat hun *Sauternes*, *Cabernets*, *Sauvignons* en *Pinots Noirs* Franser zijn dan de Franse variëteiten, zo beschouwen de MichiDutch zich als betere Hollanders dan de Europese cloggies. Ze denken niet alleen dat ze beter zijn dan de *Dutch Dutch*, ze weten het zelfs zeker. Voorwaar, een merkwaardig verschijnsel.

Veel ouderen in Michigan schamen zich voor een groot aantal trekjes en gewoonten bij de Hollanders aan de overkant van de plas. Een MichiDutch zakenman deelde ons mee: 'Wij zijn behoudend van instelling. In Holland geven ze geen fluit om hun imago. Wij hier voelen weinig voor zo'n houding.' Veel van deze tweede of derde generatie

Nederlanders in West-Michigan hebben er geen flauw idee van hoe het er tegenwoordig in Nederland uitziet. Ze gaan over hun nek als ze horen wat men 'daar' aan het strand draagt, of liever, niet draagt, om maar te zwijgen van de 'rosse etalages' in sommige binnensteden. In hun eigen Michigan zien ze Hollandsigheid alleen door de ogen van hun veilige kringetje, en ze huwen bij voorkeur binnen de Hollandse gemeenschap.

De jongere generatie MichiDutchies wordt beschermd tegen de gevaren uit het land van herkomst en wordt op-gevoed met de hemelse dromen der voorvaderen. Als ze zich uit de ouderlijke omarming losmaken en op avontuur gaan in de echte wereld, slaan ze vaak als een blad aan de boom om. Degenen die aan het strenge gemeenschapsleven ontsnappen en echt veramerikaniseren, zeggen honderd keer liever dat ze uit Zildavenië komen dan te bekennen dat ze van Hollandse afkomst zijn (een variatie op het thema van Hollanders die Hollanders afkraken). De mees-te kinderen van MichiDutch ouders laten de hun met de paplepel ingegoten leefregels los zodra ze de gristelijke weiden de rug toekeren.

Canadezen herkennen dit gedrag van calvinistische im-migranten die vasthouden aan de praktijken en gewoonten van hun voorouders. Ze vallen de buitenwacht direct op door hun kerken:

'In een klein dorpje tel je vijf, zes of soms wel zeven kerkjes die vlak naast elkaar staan en elk een iets ander geloof verkondigen, zodat ze allemaal met elkaar overhoop liggen.' (Janny Lowensteyn, Quebec)

De rest van de Nederlanders in de Nieuwe Wereld is zo geïntegreerd dat ze bijna onzichtbaar zijn geworden, ook al blijven ze de Amerikanen en Canadezen door hun oude moralistische bril bekijken. Ze vinden dat hun gast-heren ietwat te traag, te relaxed en passief zijn, dit tot ergernis van de Hollanders: 'Ze komen nooit ergens tegen in opstand maar accepteren de meeste dingen gewoon', klagen de cloggies terwijl ze zelf afstand doen van hun gewoonte om tegen alles te protesteren.

Over het algemeen vinden ze de Amerikanen 'opener'

dan de Canadezen, maar bij lange na niet zo open als de Hollanders:

'De Canadezen blijven op afstand en gereserveerd. In noodgevallen staan ze altijd voor je klaar, maar daarna kruipen ze weer in hun schulp en willen ze op zichzelf blijven. Wij Hollanders zijn heel open en staan altijd klaar met commentaar, kritiek en goede raad. Wij hebben er geen moeite mee om iemand recht voor zijn raap te vragen hoeveel hij verdient. De Canadezen vinden ons daarom onbeschoft.'

Nieuwelingen maken de frustrerende en lachwekkende ervaringen mee die horen bij de aanpassing aan een andere mentaliteit en andere gewoonten. Dat blijkt uit het volgende voorbeeld:

'De eerste keer dat mijn vrouw naar de dokter ging, kreeg ze te horen dat ze zich in een klein kamertje moest uitkleden en wachten tot de dokter kwam. Ze zag wel dat er badjassen hingen, maar kwam niet op het idee om er een aan te trekken. (Niemand die haar iets had gezegd.) Toen de dokter binnenkwam, was het een grote schok voor hem toen ze daar *au naturel* lag.

Een vriendin van ons had wel gehoord dat ze zo'n jas moest aantrekken, maar ze vond het praktischer om de sluiting aan de voorkant te hebben. Die dokter zal ook wel gedacht hebben dat de meeste Nederlandse vrouwen zo vrij zijn dat ze het geen punt vinden om poedelnaakt rond te lopen!'

De Hollanders die in hun nieuwe vaderland voor de fiets kiezen, merken dat ze in *Brave New World* zijn terechtgekomen. 'De mensen trekken er speciale kleding voor aan, met helmen en zo, alsof ze meedoen aan de Tour de France. Ze maken zich overdreven druk om veiligheid en eventuele risico's.'

Zo'n uitmonstering is belachelijk, en bovendien dúúr.

De Hollanders die naar de Nieuwe Wereld verhuizen merken tot hun grote opluchting dat de belastingen er bij lange na niet zo hoog zijn als in Nederland. Maar terwijl ze enerzijds van de lage belastingtarieven genieten, oefenen ze felle kritiek uit op de soms tragische gebeurtenissen die daar (voor een deel) het gevolg van zijn. British Columbia heeft een fantastisch belastingvoordeeltje: op kleding voor kinderen onder de 16 wordt geen provinciale belasting geheven.

'Natuurlijk zie je aan een nogal groot T-shirt niet of het voor een volwassene of een kind is. Dus het is wel duidelijk wat de Hollanders zeggen als de kassajuffrouw ze daar naar vraagt!' (Jurriaan Tjeenk Willink, British Columbia)

Het is niet moeilijk om erachter te komen welke route de Hollanders in de VS hebben gevolgd: waar ze maar konden lieten ze een stad achter die 'Holland' heette. Vandaar dat er Hollanden te vinden zijn in Massachusetts, New York, Pennsylvania, Virginia, Georgia, Kentucky, Ohio, Michigan (natuurlijk), Indiana, Mississippi, Arkansas, Missouri, Iowa, Minnesota, Texas en Oregon. Ook in Canada zijn er een stuk of wat. Daarnaast zijn er nog afleidingen, zoals Hollandale, New Holland, Holland Pond, Hollandtown, Holland Marsh en Hollandsburg.

Californië kent zoveel verschillende levensstijlen en zoveel etnische groeperingen (die allemaal proberen mee te profiteren van de huidige golf van overgevoeligheden en medelijden) dat zelfs de zeer toegewijde Hollanders er grote moeite mee hebben steun te vinden voor het idee van fietspaden langs de snelwegen. Dus sussen ze zichzelf in slaap met de redenering dat tragische ontwikkelingen, zoals de wandaden van plaatselijke ordehandhavers, hun schuld niet zijn – niet hun schuld en dus ook hun zaak niet. Ze bemoeien zich gewoon met hun eigen zaken en verwennen zichzelf zo af en toe met een nummerbord waar hun eigen naam op staat of een verlichte windmolen op het gazon. Nederlanders met een eigen bedrijf willen dat nog wel eens een klassiek-Hollands tintje geven, zoals het geval was met de Van De Kamp's Bakery (nu ter ziele) in Los Angeles.

We hebben hier te maken met een manier van leven die even ver afstaat van het origineel als de handgebreide Frau Antje afstaat van de met hun rechten zwaaiende feministen en de van vrijheid bezeten patriotten die rauwe vis en appelgebak door hun keelgat laten glijden en vijf kilometer fietsen naar een bakker waar brood in de aanbieding is en onderweg alleen stoppen voor bloemen en een kopje (gratis) koffie.

Bijlage 1
Over de vele dubbelzinnigheden van het woord 'Dutch'* **

Dutch Auction. 'Nederlandse veiling'. Een veiling die achteruit werkt: de prijs wordt net zolang verlaagd tot de eerste koper zich meldt. Heet in Nederland 'Chinese veiling'.

Dutch Bargain. 'Nederlands koopje'. Een transactie die tijdens een drinkgelag tot stand is gekomen.

Beat the Dutch. 'De Nederlanders verslaan'. Iets buitengewoons, iets verbazingwekkends verrichten, tegen de verwachting in.

Dutch Built. 'Op z'n Nederlands gemaakt'. Van oorsprong term voor Hollandse platbodems, nu ook: een lange slungelachtige man of een 'Dutch Buttocked' vrouw (zie aldaar).

Dutch Buttocked. 'Nederlands bebild'. Vroeger gezegd van Hollands rundvee, met dikke achterwerken. Tegenwoordig ook van toepassing op de peervormige romp van Nederlandse vrouwen, veroorzaakt door te veel verse zuivel en te veel fietsen.

Dutch Concert. 'Nederlands concert'. Kakofonie (verouderd).

---

* (Noot van de auteurs: een aantal definities is ontleend aan *Webster's Third New International Dictionary*, 1986.)
** (Noot van de vertaler: 'Dutch' betekent 'Hollands' of 'Nederlands', verwant met het Nederlandse Diets en het Duitse Deutsch. Maar er is meer mee loos.)

Dutch Consolation. 'Nederlandse troost'. De levenshouding die neerkomt op: 'Wat er ook gebeurt, er is altijd wel iemand die er erger aan toe is.'

Dutch Courage. 'Nederlandse moed'. Dronkemansmoed.

Dutch Defense. 'Verdedigen op z'n Nederlands'. Overgave (verouderd).

Do a Dutch. Ontsnappen, deserteren, zelfmoord plegen.

Double Dutch. 'Dubbel Nederlands'. Koeterwaals.

Dutch Feast. 'Nederlands feest'. Als de gastheer eerder dronken is dan zijn gasten.

Dutch Gleek. 'Nederlands grapje'. Stevig of onmatig pimpelen.

Dutching. In *de Volkskrant*, juli 1990, geciteerd als betekenend: het met gammastraling weer verkoopbaar maken van bedorven voedsel.

To Dutch it. 'Iets vernederlandsen'. Bedriegen.

Dutchman. In de bouw, enzovoort. Iets wat wordt aangebracht uitsluitend om een (constructie-)fout te verbergen.

Go Dutch. Als in gezelschap ieder zijn eigen rekening betaalt.

I'm a Dutchman. 'Ik ben een Nederlander'. Uiting van ongeloof: 'Je dacht toch niet dat ik gek was?'

In Dutch. Uit de gratie, in moeilijkheden.

Dutch Lottery. Een loterij met daarin verschillende series loten die kans bieden op verschillende soorten prijzen. De prijs van het lot correspondeert met de waarde van de prijzen.

Dutch Metal. Dun uitgewalste platen metaal die als imitatiebladgoud gebruikt worden. Ook bekend als 'Dutch Gold' (goud), 'Dutch Foil' (folie), Dutch Leaf (blad).

Dutch Nightingale. 'Nederlandse nachtegaal'. Kikker.

Dutch Oven. 'Nederlandse Oven'. Iemands mond.

To Dutch. Gokken en wedden volgens een verkeerd systeem, zodat verliezen van tevoren al bijna vaststaat.

Dutch Reckoning. 'Nederlandse (be)rekening'. Giswerk.

Dutch Treat. 'Nederlandse tractatie'. Een feest of uitstapje waarbij ieder voor zich moet betalen.

Dutch Uncle. 'Nederlandse oom'. Een felle criticus, zedenpreker.

Dutch Widow. 'Nederlandse weduwe'. Prostituée (verouderd).

Bijlage 2
Te vermijden historische misverstanden in het internationaal sociaal verkeer

Ik fok honden *is niet gelijk aan* I fuck dogs

Ik heet Cox ... I hate cocks

Doe mij een reep ... Do me a rape

Hij lijkt een slimme man ... He likes a slim man

Een rondvaart ... A round fart

En dan nou vlaai! ... And then now, fly!

Tot ziens, hoor! ... Tootsy's Whore

Het is nog rood! ... Let's hit the road

Hij kwam in een slip ... He came in an underpants

Nassi Goreng en Mie ... Nazi Goering and me

A pain under the toenail ... Een peen onder het toneel

Give me a hand, quick! ... Geef me een hand kwik

Over de auteurs

Colin White is geboren in Windsor, Engeland. Hij heeft op vele plaatsen in Europa gewerkt, voornamelijk als technisch schrijver in de ruimtevaartindustrie. In 1979 kwam hij in Nederland terecht waar hij hielp bij het schrijven van de onderhoudshandleidingen voor Fokker-vliegtuigen. Hij heeft er bij elkaar zeven jaar gewoond, in plaatsen als Amstelveen, Amsterdam, Huizen, Hilversum en Loosdrecht. In de zomer van 1987 is hij naar Californië verhuisd omdat hij iets anders wilde gaan doen.

Laurie Boucke is geboren in Oakland, Californië. Ze studeerde talen aan de Universiteit van Californië, en ook aan de Universiteit van Grenoble in Frankrijk. Ze heeft op allerlei plaatsen in zowel West- als Oost-Europa gewoond, en verder in India. Haar verblijf in Nederland, voornamelijk in Amsterdam en Alkmaar, heeft vijftien jaar geduurd, in welke periode ze drie kinderen heeft grootgebracht. In het voorjaar van 1987 is ze naar haar geboortegrond teruggekeerd.

Na hun terugkeer in Amerika hebben Colin en Laurie samen White-Boucke Publishing opgericht, een bedrijf dat zich specialiseert in het verzamelen van juridische en technische literatuur. *The Undutchables* was hun eerste uitstapje naar de commerciële boekenmarkt.